QUASE UM MANUAL

CB080933

RUBENS A. MUNHOZ SOARES

QUASE UM MANUAL

EXPERIÊNCIAS CORPORATIVAS COMPARTILHADAS

Labrador

© Rubens André Munhoz Soares, 2025
Todos os direitos desta edição reservados à Editora Labrador.

Coordenação editorial Pamela J. Oliveira
Assistência editorial Leticia Oliveira, Vanessa Nagayoshi
Direção de arte e capa Amanda Chagas
Projeto gráfico Vinicius Torquato
Diagramação Nalu Rosa
Idealização de capa André Cordeiro Munhoz Soares
Preparação de texto Lívia Lisbôa
Revisão Vinícius E. Russi

Dados Internacionais de Catalogação na Publicação (CIP)
Jéssica de Oliveira Molinari - CRB-8/9852

Munhoz Soares, Rubens André

Quase um manual... : experiências corporativas compartilhadas / Rubens André Munhoz Soares.
São Paulo : Labrador, 2025.
160 p.

ISBN 978-65-5625-942-0

1. Desenvolvimento profissional 2. Administração de empresas 3. Carreira 4. Autobiografia I. Título

25-3211 CDD 658.1

Índice para catálogo sistemático:
1. Desenvolvimento profissional

Labrador
Diretor-geral Daniel Pinsky
Rua Dr. José Elias, 520, sala 1
Alto da Lapa | 05083-030 | São Paulo | SP
contato@editoralabrador.com.br | (11) 3641-7446
editoralabrador.com.br

A reprodução de qualquer parte desta obra é ilegal e configura uma apropriação indevida dos direitos intelectuais e patrimoniais do autor. A editora não é responsável pelo conteúdo deste livro. O autor conhece os fatos narrados, pelos quais é responsável, assim como se responsabiliza pelos juízos emitidos.

Àqueles que pretendem construir uma carreira e deixar um legado...

SUMÁRIO

PREFÁCIO

Prefaciar uma obra cujo conteúdo envolve um personagem da minha família é tarefa das mais difíceis. Por se tratar de uma figura muito conhecida, literalmente desde o nascimento, corre-se o risco de se escrever sobre o óbvio.

Este livro conta a trajetória de vida do seu autor. Suas angústias, reveses, vitórias, conquistas e vida corporativa estão relatados como se fosse uma autobiografia ou um livro de memórias. Aliás, buscar na memória uma recordação significa, muitas vezes, trafegar por um terreno cinza, cheio de brumas, em que não se distingue bem o real e o sonho. Aqui, escrito, tudo é real. Sem romantismo. Garanto.

Talvez, por uma questão de modéstia, o autor não quis tratar sua obra como autopromoção ou que seja motivo de elogios gratuitos. Muito pelo contrário. Pela leitura atenta, pode-se constatar que não se trata de um mero livro ou autobiografia. É um verdadeiro "manual". Sim, "manual".

O caro leitor deve estar se perguntando: manual do quê?

Explico: um "manual" de como vencer. De como perseverar. De como acreditar nos sonhos. Como se levantar após uma queda. Inclusive, como viver, conviver e "sobreviver" em terras estrangeiras, principalmente, nas terras do "tio Sam" e da oportunidade, no meio do mais puro capitalismo selvagem.

Pode-se perceber tudo isso, inclusive, numa das mais difíceis passagens da vida da nossa família até então vividas, como no momento do falecimento de nosso pai, em que o autor foi fiel aos acontecimentos.

Este "manual" tem todos os ingredientes para segurar a atenção do leitor: coragem, astúcia, drama, aventura, resiliência, empatia, experiência corporativa e tudo mais são elementos de seu conteúdo.

Principalmente, compreender que acertar e errar em nossas escolhas faz parte da vida. É normal. Porém, o mais importante é saber aproveitar as oportunidades para poder corrigir os erros, recomeçar e seguir em frente. Sempre em frente. Isso, este "manual" entrega do começo ao fim!

Trata-se, portanto, de uma leitura agradável que transporta o leitor a viver o acontecimento narrado, como se estivesse ali, naquele momento histórico, ao lado do autor, compartilhando suas emoções.

Desejo uma ótima leitura e sucesso!

Olavo Lázaro Munhoz Soares Filho

INTRODUÇÃO

A construção de uma carreira profissional de sucesso não é algo simples e tampouco rápido. São necessários anos de preparação e dedicação para poder estar à altura de tantos outros profissionais que já estão no mercado buscando pela mesma posição que você. Não há tempo a perder em um mundo cada vez mais competitivo, impaciente e impiedoso.

As situações de dia a dia no mundo corporativo são desafiadoras e exigem um máximo de atenção e astúcia. É preciso traçar um plano claro para alcançar seus objetivos de longo prazo e criar condições favoráveis ao seu redor para a execução dele. Também é preciso ter um plano alternativo que te ajudará a sobreviver caso haja um desvio permanente ou temporário de sua rota principal.

Durante nossa trajetória de vida corporativa, nossos caminhos cruzarão os de muitos outros profissionais, com objetivos diferentes dos nossos e que poderão nos ajudar de forma desprendida ou desinteressada. Haverá também aqueles que, sem qualquer explicação ou motivo, nos estenderão a mão e nos ajudarão a dar um salto na carreira. E há, ainda, aqueles que não buscam outra coisa senão o benefício próprio, sugando de nós tudo o que puderem.

Com aqueles que nos ajudam de forma desprendida e desinteressada, é preciso que atuemos como pontes, para conectá-los a outras pessoas, ideias e propósitos. E, com aqueles que apenas buscam o benefício próprio, é preciso desejar-lhes boa sorte e deixá-los seguir suas trajetórias.

As oportunidades se apresentarão quando você menos esperar. É preciso estar atento para não perder o momento certo para agarrá-las e tirar o melhor proveito delas. Oportunidades não se perdem!

É preciso saber ler o ambiente e entender quando é o melhor momento de atuar! Deve-se, sempre, lançar mão do conhecimento adquirido ao longo de sua trajetória para resolver um problema ou sair de uma situação constrangedora. Não se pode ter medo de demonstrar aquilo que se sabe, aquilo de que se tem segurança ou aquele assunto que domina.

O mundo corporativo, por vezes, apresenta-se cruel e cheio de armadilhas; uma boa preparação física e mental é imprescindível, em tempos de impaciência e de busca incessante por lucros, resultados, baixos custos.

É nesse contexto que esta obra se insere. São 25 anos construindo uma carreira profissional — e tantos outros anos de estudos — que me levaram à conclusão de que as histórias e experiências por mim vividas não poderiam ser deixadas de lado e esquecidas em minha memória. Eu precisava, de alguma forma, externá-las e compartilhá-las, para que sirvam a um propósito.

Ao contrário do que possa parecer, esta não pretende ser uma obra de memórias. Caro leitor, peço-lhe o obséquio de buscar extrair suas próprias conclusões a partir das minhas experiências. Reflita sobre as decisões tomadas... Melhore-as!

Com o intuito de tornar a leitura menos cansativa e mais prazerosa, esta obra foi pensada para que sua leitura fosse possível de duas maneiras: de forma sequencial, do primeiro ao último capítulo, ou de forma aleatória. Independentemente da opção escolhida, a leitura funciona e flui de forma a oferecer, ao seu leitor, um completo entendimento de cada capítulo e do contexto no qual está inserido.

Foram seis anos de trabalho até chegar a este texto final, com reflexões colocadas no papel de forma muito cuidadosa para que você, caro leitor, possa desfrutar de uma leitura simples e fluida. Espero que, ao final, você reflita e possa se sentir encorajado a igualmente compartilhar as experiências corporativas de sua carreira.

Quem sabe um dia nos encontramos para um café, em que o assunto será nossas Experiências Corporativas Compartilhadas...

Boa leitura! Boa Sorte!

A PREPARAÇÃO

NADA CAI DO CÉU

> “O bom profissional precisa buscar uma formação acadêmica que lhe dê condições de construir uma carreira sólida.”

Vivemos tempos interessantes. Tempos em que o mundo inteiro cabe bem na palma de nossas mãos e está ao alcance da ponta dos nossos dedos. Não há tempo a perder. É preciso aparecer, fazer-se notar (não importa como), mostrar a todos a que viemos.

São tempos esquisitos, em que o sucesso parece ser medido pela quantidade de likes ou visualizações obtidas em redes sociais. Pouco ou nada importa o conteúdo, basta a imagem ou a forma como as pessoas aparecem nas redes sociais.

São legiões de jovens sem qualquer formação, tentando obter independência financeira com pouco ou nenhum esforço. Basta um celular com a câmera ligada, fazer uma micagem qualquer e pronto! Instantaneamente, quase que por um passe de mágica, *voilà*! São milhares, milhões de likes, um contrato de patrocínio e milhões no bolso. Nada de conteúdo! Nada de estudo! Nada de esforço! Apenas um golpe de sorte.

Não quero com isso desmerecer qualquer um desses novos influenciadores digitais que parecem inaugurar uma nova categoria de trabalhadores, cuja profissão parece estar em ascensão vertiginosa. Busco apenas apresentar um contraponto para a ideia a seguir: a importância de uma boa formação acadêmica.

A complexidade do mundo corporativo exige formação, preparo, esforço, suor, dedicação. O bom profissional precisar buscar uma formação acadêmica que lhe dê condições de construir uma carreira sólida.

Não importa a área de atuação, o sucesso depende de muito trabalho. Para melhor ilustrar essa ideia, recorro a um velho ditado popular: "o único lugar onde o sucesso vem antes do trabalho é no dicionário". E em nenhum outro lugar.

Em 1991, justamente quando iniciava meu 1º ano do 2º grau, o equivalente ao atual 1º ano do Ensino Médio, já tinha claro que teria que me esforçar muito para ingressar na Faculdade de Engenharia Elétrica do Instituto Tecnológico da Aeronáutica (ITA). O motivo era simples: era a instituição de ensino superior em engenharia de mais difícil ingresso no Brasil, àquela época, e o mais prestigiado diploma de engenharia dentre os muitos possíveis.

Ao longo dos três anos do 2º grau, meu pensamento em torno da instituição de ensino foi mudando, pouco a pouco, não sei bem ao certo o porquê. Mas a minha dedicação aos estudos preparatórios para os difíceis e concorridos concursos vestibulares, necessários ao ingresso às universidades, nunca diminuiu de intensidade. Eram horas a fio de muito estudo.

A Universidade Estadual de Campinas (Unicamp) esteve no meu radar a partir da segunda metade do 2º grau em diante. Nunca logrei aprovação nessa prestigiada instituição, mas, no início de 1994, ingressei na bem mais modesta Faculdade de Engenharia da Fundação Armando Álvares Penteado (FAAP), no bairro do Pacaembu, na cidade de São Paulo. Escolha certeira! Não me arrependo por não ter tentado ingressar na Unicamp no ano seguinte. Ao contrário: não havia tempo a perder!

Os cinco anos seguintes foram de ainda mais estudo e dedicação. "Quem faz a escola é o aluno" era o que eu mais escutava dentro de minha casa, desde que me conheço por gente.

Naquele momento, havia me dado conta de que engenharia elétrica, no Brasil, era um campo extremamente restrito e com limitadas opções. Era preciso migrar para outra área mais ampla se quisesse conquistar uma carreira mais sólida e com menos riscos.

Enquanto cursava o 3º ano de engenharia, já havia definido que meu caminho seria complementar minha formação com uma pós-graduação na área de administração de empresas. Na própria FAAP. E por que não?

Em dezembro de 1998, ao graduar-me por haver concluído o 5º ano de engenharia, fui efetivado em uma empresa multinacional americana na área de telecomunicações. Em menos de dois anos, busquei apoio dentro da empresa para iniciar a pós-graduação que me daria a amplidão esperada na minha formação.

Qual não foi a minha surpresa — e, até certo ponto, decepção — ao ter meu pedido negado. Porém, dada a natureza do meu trabalho dentro da empresa, me foi oferecido outro curso de pós-graduação em Engenharia de Redes e Sistemas de Telecomunicações, no Instituto Nacional de Telecomunicações (INATEL), na cidade de Santa Rita do Sapucaí, em Minas Gerais.

Claramente era um desvio dos meus objetivos iniciais, mas não era pouco o que a empresa me oferecia! Aceitei a empreitada e foi mais um ano e meio de muita dedicação.

Com os ataques terroristas de 11 de setembro de 2001, nos Estados Unidos, os investimentos estrangeiros reduziram-se bastante no Brasil. Como consequência, houve muitas demissões e, em abril de 2002, fui incluído na última lista de dispensas — claramente por questões numéricas, e não de competência. A conclusão do curso de pós-graduação ficou comprometida, pois faltava-me apresentar o trabalho final para poder obter o tão merecido e suado diploma. Tive que adiar esse projeto.

Ao final de 2001, meu pai havia adoecido gravemente e seu destino já estava selado. Certo dia, recebeu a visita de um primo nosso, que lhe comentou estar abrindo um curso de pós-graduação em nossa cidade, Sorocaba, no interior do estado de São Paulo. Tratava-se de um Master in Business Administration (MBA), formação em franca ascensão àquelas alturas e, hoje, já consolidada. Era algo novo para o experiente profissional da área da educação que era meu pai.

Ao chegar em casa, para o final de semana, meu pai comentou sobre a visita do nosso primo Geraldo. Em tempo, Geraldo César Almeida é um dos grandes economistas, educadores e contadores de Sorocaba, chegando a ocupar o cargo de secretário de desenvolvimento econômico do município.

Fiquei surpreso quando meu pai mencionou que o curso que estava por ser aberto era o de MBA em parceria com a FIPE/USP (Fundação Instituto de Pesquisas Econômicas da Universidade de São Paulo). Encantei-me imediatamente, dada a importância desse curso e do diploma que ele conferiria.

Percebendo meu assombro, meu pai perguntou se seria interessante ou importante para a minha carreira. Imediatamente respondi que sim, mas que "era um curso para gente inteligente, não para mim...". Na mesma hora, meu pai recomendou que eu fizesse a matrícula e disse que me ajudaria com as mensalidades.

Assim, ao início de 2003, havia finalizado o curso com o 3º melhor desempenho de uma turma de 25 (não menos dedicados) profissionais. Essa é mais uma que devo aos meus pais!

Esse foi o diploma que não só representou a meta alcançada, mas também me abriu todas as portas do mundo corporativo.

E o curso de telecomunicações? Em julho de 2002, durante a triste e última estada hospitalar de meu pai, aproveitava o meu turno e sua pouca consciência para escrever o trabalho de conclusão de curso. Estava à espera da primeira oportunidade de apresentá-lo para a banca acadêmica daquela instituição. Em dezembro de 2003, houve a oportunidade que não foi desperdiçada!

Imagino que você, caro leitor, já esteja até cansado de ler o tanto de estudo e dedicação! Mas não acaba aqui... Seguimos para um último esforço... a cereja do bolo!

Em 2011, já trabalhando na maior empresa brasileira de arquitetura em São Paulo, foram selecionados quinze colaboradores para um projeto ambicioso: apoiar o processo de obtenção da certificação internacional de Gerenciamento de Projetos (Project Management Professional — PMP) outorgado pelo Project Management Institute (PMI) àqueles aprovados em duríssima prova de conhecimentos na metodologia de gerenciamento de projetos.

Fui selecionado para participar do projeto e lá se foram mais três meses de muito estudo e dedicação fora do horário de trabalho! O resultado? A cereja do bolo que faltava: a certificação garantida.

Não quero, com este capítulo, me autopromover e tampouco espero elogios e aplausos pelos meus feitos. Quero, ao contrário, mostrar a você, leitor deste modesto livro, que não existe sucesso sem esforço! Nada cai do céu! É preciso dedicação para alcançar nossos objetivos.

A IMPORTÂNCIA DE DOMINAR OUTROS IDIOMAS

O profissional bem-preparado tem mais chances de prosperar em sua carreira e de subir degraus de forma mais rápida ou, talvez, de posicionar-se de forma mais privilegiada em relação aos seus inúmeros competidores.

Uma das competências mais buscadas em um profissional atualmente, em tempos de economia globalizada e de empresas multinacionais de presença regional ou global, é o domínio de um ou dois idiomas, além do idioma nativo. Em tempo, este deve ser falado de forma correta e sem dar espaços a gírias, modismos, muletas ou excessivos coloquialismos.

O INGLÊS

> “Não cabe discutir se você gosta ou não de estudar o idioma. Isso não faz a menor diferença quando existe um objetivo a ser atingido.”

É inegável o fato de o inglês ser o idioma mais falado no mundo corporativo. Ele é, geralmente, o idioma oficial das grandes corporações, ainda que estas não estejam sediadas nos Estados Unidos ou na Inglaterra, por exemplo.

Aos dezesseis anos de idade, escutei de uma professora do meu 2º ano do 2º grau, o equivalente ao atual 2º ano do Ensino Médio, que, apenas assistindo a duas aulas semanais de cinquenta minutos cada uma, não seria possível dominar o idioma.

Foi então que tomei a decisão e, ao consultar meu pai, educador tradicional, apaixonado pelo que fazia, obtive o "sinal verde" para me matricular em uma dessas escolas de inglês fora do horário escolar.

O curioso dessa história é que, ao longo dos quatro anos seguintes, mês a mês, ao pedir ao meu pai o dinheiro para pagar o curso de inglês, eu ouvia dele: "Estou pagando essa arapuca e não estou vendo resultado". Certamente não havia frustração em sua voz ou em sua intenção, mas um claro desafio!

Era preciso levar o curso muito a sério e assim eu o fazia! Costumava ser assíduo às aulas, fazia todos os *homeworks*, chegava, às vezes, até a antecipar algumas lições e, por muitas vezes, me pegava falando em voz alta, sozinho, naquele idioma, enquanto ia de casa à escola (e, mais tarde, à faculdade). Não cabe, aqui, discutir se eu gostava ou não de estudar o idioma. Isso não faz a menor diferença quando existe um objetivo a ser atingido.

Mas o fato é que eu já estava cansado de ouvir do meu pai sempre a mesma provocação sobre a tal arapuca. Eu o via como um investidor em busca do retorno do seu investimento, e já era hora de dar-lhe esse merecido retorno.

Em 1998, já em meu último ano de faculdade, buscava, incessantemente, um estágio na minha área de graduação em alguma empresa multinacional para que nela eu pudesse iniciar minha carreira profissional. Pois bem, fui indicado a uma vaga de estágio em Engenharia de Projetos em uma multinacional de telecomunicações por um amigo da faculdade que já fazia estágio lá. Fiz a entrevista toda em inglês.

Três dias depois, esse meu amigo me trouxe uma boa e uma má notícia. A má notícia é que eu não era o único candidato para a vaga e os outros candidatos eram muito fortes e bem formados. A boa notícia, no entanto, era que o meu nível de inglês era o mais elevado dentre todos os candidatos. Note bem que meu inglês, àquela altura, não era perfeito — longe disso! Mas era elevado para a minha idade e ideal para a vaga a que eu concorria. Ganhei a vaga.

Ao chegar em casa, mais do que depressa, fui ao encontro de meu pai, o grande investidor e mecenas, para informá-lo dos dividendos que finalmente haviam sidos colhidos. Com o contrato de estágio nas mãos, estufei o peito e, finalmente, depois de todos aqueles anos ouvindo suas "provocações", disse-lhe: "Pai, aqui está o resultado de todos aqueles anos pagando aquela arapuca. O estágio é meu! Única e exclusivamente por causa do inglês". Meu pai, no auge da sua sabedoria (e sabendo muito bem que o resultado, um dia, viria), simplesmente me olhou por cima de seus óculos de leitura, baixou o jornal *Estadão* e disse: "Muito bem, meu filho! Não esperava nada diferente". Jamais me esqueço de seu olhar orgulhoso!

Uma das lições aprendidas nesse episódio, é que cursos de idiomas existem aos milhares e todos eles têm suas qualidades e seus defeitos, todos podem ser considerados arapucas. Mas, ao iniciar seu curso em uma arapuca, termine-o nela. Nada de ficar pulando de uma para outra, sem ter um objetivo claro, que é o de dominar o idioma.

A segunda lição está na dedicação que se deve empregar no curso e em tudo nesta vida. Os frutos, invariavelmente, serão colhidos.

O ESPANHOL

> "A decisão de aprender o idioma espanhol veio quase que por necessidade de me diferenciar como profissional."

Recentemente, o espanhol passou a ganhar mais e mais importância dentro das corporações. Não é necessário explicar o porquê. Basta abrir um mapa da América Latina e observar quantos países têm o espanhol como idioma nativo.

A decisão de aprender o idioma espanhol veio quase que por necessidade. Necessidade de me diferenciar como profissional.

Após alguns meses desempregado, fui contratado por uma multinacional na área de Gestão de Processos Industriais Contínuos, para trabalhar em um *call center* especializado. Fui contratado por conta do idioma inglês (àquela altura, já o dominava). Isso, por si só, já fazia de mim um profissional diferenciado dentre os cinco membros da equipe de trabalho.

Um dia, após uma jornada completa de treinamentos técnicos e cansativos, retornei à sala onde a equipe trabalhava e me deparei com uma discussão (até certo ponto, acalorada) entre os dois membros mais experientes da equipe e nossa diretoria. A discussão era a respeito dos planos de expansão do nosso atendimento a clientes não só do Brasil, mas também da América Latina.

Nossos diretores tentavam mostrar os óbvios benefícios que essa empreitada nos traria, e meus colegas tentavam demovê-los dessa ideia, por entenderem que não tínhamos recursos suficientes sequer para atender aos clientes do Brasil de forma adequada.

A temperatura da discussão foi subindo e eu observava tudo da porta de entrada da sala. Quieto, quase sem respirar e, certamente, sem piscar.

No auge da discussão, o diretor volta-se a mim e, de surpresa, pergunta: "E você, Rubão? O que pensa disso?". Nesse momento, eu respondi sem pensar: "Atender a clientes da América Latina? Ótimo! Conte comigo! Quando começamos?". O diretor, ao me ouvir, dá um tapa firme na mesa e diz: "É disso que precisamos!". E se retira da sala, juntamente com o gerente.

Os três meses que se seguiram foram horríveis do ponto de vista de convivência com meus colegas de trabalho. Fui simplesmente isolado e tratado como o traidor. Mas, para mim, foi o motivo que faltava para iniciar o curso de espanhol, antes que meus colegas de trabalho me alcançassem. Lembrem-se de que, para me alcançarem, eles ainda tinham que aprender inglês.

Busquei aulas particulares de espanhol e, em um ano, eu já estava dominando o idioma! Meu terceiro, àquela altura, e o que mais me abriu portas. Mais até que o inglês.

A TRAJETÓRIA

CONSTRUINDO UMA CARREIRA

> “Uma vez escolhida a carreira, é hora de se dedicar aos estudos de formação profissional, estabelecer objetivos de longo e curto prazos.”

Ao contrário do que muitos, hoje em dia, podem pensar, uma carreira profissional bem-sucedida não acontece da noite para o dia; não acontece sem esforço, dedicação, suor, determinação, planejamento, organização, paciência…

É muito comum, quando se é recém-graduado, achar que, por termos nos dedicado até a conclusão do curso, já estamos prontos para os desafios do mundo corporativo e, portanto, já temos condições de assumir postos de liderança ou gerência. Lamento informar, meu caro, mas as coisas não são tão fáceis quanto parecem.

Tudo começa ainda enquanto estudante, com a escolha da profissão a ser seguida e perseguida. É preciso ter em mente que uma escolha mal feita pode significar anos de frustração, trabalhando, todos os dias, em algo de que não se gosta, ou em que não se tem a menor vocação. Ou até uma quantidade considerável de anos de atraso na conquista da tão sonhada carreira profissional bem-sucedida.

Uma vez escolhida a carreira a ser seguida, não importa qual seja, é hora de se dedicar aos estudos de formação profissional em uma universidade ou faculdade. Serão anos cujo objetivo final não é outro senão a obtenção do diploma.

Outro elemento importantíssimo nesse processo, é estabelecer um objetivo de longo prazo. O que quero conquistar, ao final da minha carreira profissional, ou daqui a trinta anos? Eu, particularmente, sempre quis ser diretor de uma empresa multinacional, trabalhando nos Estados Unidos. Alcancei esse objetivo em 2017, dezenove anos após minha graduação. Foram anos de muita luta e muito aprendizado, como vocês poderão ver a seguir.

E, finalmente, mas não menos importante, é necessário estabelecer objetivos no curto prazo, a cada projeto, a cada etapa da carreira. Dessa forma, o objetivo de longo prazo deixará de te dar a sensação de algo inalcançável.

OS PRIMEIROS PASSOS

> “Ou eu mudava minha forma de agir
> e pensar ou me tornava presidente
> dos Estados Unidos.
> Resolvi mudar!”

Ainda nos últimos anos de faculdade, é preciso estar atento às oportunidades de estágio. Encontrar um estágio enquanto se está estudando pode fazer toda a diferença no futuro. Conheço profissionais que se aposentaram na empresa em que começaram como estagiários, quando ainda eram estudantes. Isso é realmente impressionante!

O estágio existe, justamente, para que o estudante possa ter seu primeiro contato com o mundo corporativo real, para que se possa começar a pôr em prática o que foi aprendido na teoria. De outro lado, está a empresa, que se beneficia de uma mão de obra barata e especializadíssima. Quer melhor negócio do que esse, em que ambos os lados saem ganhando? Pessoalmente, entendo que, mesmo gratuito, o estágio é muito vantajoso para o estudante que tem seu futuro planejado.

Fiz alguns estágios enquanto estudante. Em alguns, aprendi bastante; em outro, fiquei apenas um mês e vinte dias (deveria entrar para o Livro dos Recordes como a mais curta permanência em um estágio...). Enfim, o estágio é momento de aprendizado e não se devem desperdiçar as oportunidades dadas.

O sonho de todo estagiário é ser efetivado ao final do curso de graduação. Comigo não foi diferente: consegui a tão sonhada efetivação em janeiro de 1999, como engenheiro de projetos, em uma empresa multinacional da área de telecomunicações em São Paulo.

Com a efetivação, veio meu primeiro projeto: implantação da rede de rádio de transmissão por micro-ondas para uma operadora de telefonia celular da banda B, no estado do Rio Grande Sul. Foram quatro meses vivendo em Porto Alegre.

Meu principal objetivo naquele período era aprender o máximo possível sobre a implantação do projeto, tornar-me um expert no assunto. Claro que minha inexperiência falava muito alto, mas comecei a perceber que ser extremamente técnico não era o caminho. Era preciso começar a adquirir aquilo que, anos mais tarde, fui entender como *soft skills*; as habilidades e competências não técnicas, mas de relacionamento com os demais membros da organização.

Ao final daqueles quatro meses, havia aprendido muito sobre os equipamentos que instalávamos e como funcionava a dinâmica de um projeto e todas as suas etapas. Entendi que era necessário buscar desenvolver outras habilidades e, ao observar como um de meus colegas trabalhava e se relacionava com os clientes e fornecedores, estabeleci meu segundo objetivo: realizar um trabalho tão bom, a ponto de o cliente me convidar para fazer parte de sua equipe de trabalho.

Meu segundo projeto naquela mesma empresa de telecomunicações foi no Rio de Janeiro. Lá se foram mais seis meses de um projeto intenso de muitos altos e baixos, mas bem-sucedido, ao final. E, no meu último dia vivendo na Cidade Maravilhosa, quando eu menos esperava, o cliente me chama e me faz o convite... Missão cumprida! Agradeci, mas gentilmente recusei o convite, por entender que ainda me faltava muito "arroz com feijão" para assumir mais responsabilidades.

Ao retornar a São Paulo, a empresa havia crescido bastante e comecei a perceber que nem tudo eram flores no mundo corporativo. Dois projetos bem-sucedidos não faziam de mim um profissional experiente, mas um profissional iludido com as inúmeras possibilidades adiante.

Confiante de poder seguir mostrando um bom trabalho, obter reconhecimento por parte da alta gerência e, quem sabe, ser promovido a gerente de projetos, qual não foi a minha surpresa ao ver que isso acontecia com colegas que haviam feito trabalhos de qualidade duvidosa (a ponto de a empresa me enviar a campo para corrigi-los). Mas, e eu?!

Foi meu primeiro contato com a crueldade do mundo corporativo.

Duas vezes por ano, a empresa costumava enviar grupos de colaboradores a um curso de liderança e comportamento e eu, finalmente, havia sido incluído na terceira turma. Como preparação para o curso, tive que preencher, com antecedência, inúmeros formulários de autoavaliação comportamental. Da mesma forma, alguns colegas preencheram o mesmo formulário a meu respeito.

Logo no primeiro dia de curso, foram divulgados os resultados de nossas avaliações comportamentais de forma anônima, porém pude reconhecer a minha caligrafia e, portanto, inequivocamente, as demais avaliações a meu respeito, feitas pelos meus colegas.

O instrutor do curso teceu alguns comentários sobre resultados notáveis, positivos e negativos. Para minha surpresa e tristeza, meus resultados foram comentados como negativos. Foi mais ou menos assim: "este, por exemplo, pensa que é o melhor do mundo. Seus colegas acham que ele nem é tudo isso, mas ele não se importa com a opinião dos colegas. Mas veja como ele é de fato. Ele nem é tão mau assim... Apenas por curiosidade, esse é justamente o perfil do Bill Clinton, presidente dos Estados Unidos, entre 1993 e 2001".

Com esse "chute na canela", eu tinha duas alternativas dali pra frente: ou eu mudava minha forma de agir e pensar, ou me tornava presidente dos Estados Unidos. Resolvi mudar!

DOS TEMPOS DE SOLDADO RASO AO PLANO B

> "Foi a primeira vez que percebi o poder da liderança pelo exemplo – o melhor e mais consistente estilo de liderança que há!"

Permaneci naquela empresa de telecomunicações por mais uns dois anos após o episódio do "chute na canela". Fui, aos poucos, aprendendo e me moldando como profissional e, ao mesmo tempo, demonstrando o aprendizado com performances bastante consistentes frente aos clientes e aos meus superiores na empresa. Foi um período em que conquistei o respeito dos demais colegas, gerentes, diretores e, principalmente, clientes. Era conhecido e reconhecido como alguém que "fazia as coisas acontecerem".

O ano é 2001; setembro, para ser mais exato. O mundo parou no dia 11 daquele mês para assistir, estarrecido, ao que parecia impensável ou improvável: ataques terroristas assolavam a maior potência econômica e militar do mundo. Os Estados Unidos eram atacados de forma impiedosa e covarde. Símbolos do capitalismo, as Torres Gêmeas do World Trade Center, em Nova York, desapareciam bem diante dos nossos incrédulos olhos — que assistiam a tudo, ao vivo, pela televisão.

Os investimentos estrangeiros no Brasil e, em especial, os investimentos norte-americanos em sistemas e redes de telefonia, que já vinham diminuindo aos poucos, praticamente cessaram depois daquela tragédia.

Naturalmente, a partir de novembro, iniciou-se um processo árduo e doloroso de redução da força de trabalho. Foram, ao todo, três ondas de demissões, de novembro de 2001 a abril de 2002. Fui pego pela terceira onda. Afastado do meu objetivo principal, tive que "me virar" como podia. Fui professor em curso de inglês, exerci função administrativa em empresa de cal e calcário agrícola, fui professor de física em escola de ensino técnico. Até que, em agosto de 2002, foram dados os primeiros passos no meu Plano B: dava aulas de administração geral na faculdade recém-inaugurada pela nossa família.

Em março de 2003, no entanto, fui indicado por um primo para trabalhar em uma multinacional na área de automação industrial. Sou extremamente grato ao meu primo Marcel Roberto Almeida, por ter levado meu nome à gerência de serviços ao cliente. Foi como ver a luz no fim do túnel, que me colocaria de volta ao meu objetivo principal.

Na entrevista com o gerente e diretor da área, após as formalidades de praxe, fui surpreendido com um pedido do diretor. Ele me foi bastante claro e sincero ao dizer que eu não tinha o perfil para aquela vaga. Em seu entendimento, minha formação e capacidade (pelo que foi observado no nosso pouco tempo de conversa) contribuiriam com muito mais — mas eu precisava passar por um processo de experiência e aprendizado técnico. No período de um ano, eu estaria pronto para assumir uma gerência. E acrescentou: "Tenho, no entanto, um pedido: você vai fazer parte de um grupo de quatro profissionais que parecem estar acomodados, há anos, na mesma função. Parece que não querem evoluir. Gostaria que você nos ajudasse a mudá-los!".

Pensei, cá comigo: "Meu Deus, quem sou eu para mudar a cabeça de alguém?". Respondi ao diretor que não poderia garantir mudar a cabeça de profissionais experientes e com muito mais capacidade técnica. Seria uma missão inglória. E, para encerrar a conversa e a entrevista, ouvi um otimista: "Não se preocupe! Tenho certeza de que você vai conseguir!".

Iniciou-se, então, um período bastante conturbado de minha carreira. Confesso que não gostava muito do que fazia, mas tinha que fazê-lo. Não tinha outro remédio. Tratei de aprender o mais rápido possível sobre o equipamento ao qual nosso grupo dava suporte nacionalmente. Era muita responsabilidade. Durante manutenções online com o cliente, um botão que eu apertasse de forma equivocada poderia significar a morte de um profissional do cliente em campo...

Some-se a isso o fato de ter colegas de trabalho que pareciam realmente ter parado no tempo e espaço, quando o assunto era carreira profissional e crescimento, apesar de dominarem tudo e mais um pouco do equipamento a que dávamos assistência técnica.

Importante frisar que, àquela altura, meu inglês era fluente, passei a aprender o espanhol e já estava com meu diploma de MBA em mãos.

Foram meses complicados e de convivência com muitos altos e baixos. Havia dias em que tudo ia bem, havia outros nos quais uma atitude mais positiva minha deflagrava um "clima de velório" que perdurava semanas... até que eu quebrasse o gelo novamente. Sem esquecer que não havia deixado de dar aulas no curso de administração no período noturno!

Em outubro daquele mesmo ano, durante a celebração pelos bons resultados alcançados pela empresa, no encerramento do ano fiscal, em um momento solitário, buscando um refrigerante para matar a minha sede, alguém esbarra em mim e me agradece: "Obrigado, Rubão!". Era aquele diretor que me havia feito um pedido na minha entrevista de admissão.

"Obrigado, por quê?", respondi prontamente. Ele, então, disse que eu havia conseguido mudar a cabeça daqueles profissionais. A prova estava nas solicitações de cursos de desenvolvimento profissional e pessoal que, todos os anos, nós, colaboradores, éramos instados a apresentar à empresa. Pela primeira vez, em anos, os cursos solicitados pelos meus colegas não eram cursos técnicos, a respeito das atualizações dos equipamentos e programas com os quais trabalhávamos! Ao contrário, a nova lista de cursos era formada por idiomas (inglês e espanhol), curso de gestão, liderança e até MBA!

Foi a primeira vez em que eu, explicitamente, havia servido de espelho para alguém. Foi a primeira vez que percebi o poder da liderança pelo exemplo — o melhor e mais consistente estilo de liderança que há!

Fiquei nessa empresa até abril de 2004, quando, por circunstâncias especiais, me vi no dever e na responsabilidade de assumir, com meus irmãos, os negócios da família. Desviava-me, ainda mais, do meu primeiro objetivo e abraçava o Plano B, não menos nobre, mas muito mais arriscado.

O PLANO B E O RETORNO AO OBJETIVO PRINCIPAL

> "O céu não era de brigadeiro. Havia nuvens de tempestade à vista."

Ainda que não totalmente preparado, fui apresentado a um desafio muito maior. Era preciso assumir, juntamente com meus irmãos, os negócios da família: uma faculdade inaugurada no ano 2000, com aproximadamente quinhentos alunos, e que precisava de uma melhor gestão.

Apesar de minha formação acadêmica ser um indicativo de que eu seria a melhor alternativa para colocar aquela instituição no caminho certo em termos administrativos e financeiros, faltava-me a prática. Nunca havia administrado uma empresa na vida. Faltava-me a experiência. Aquele seria meu estágio, por assim dizer.

Em seu quarto ano de existência, a nossa instituição de ensino superior, localizada na cidade de Boituva, no interior do estado de São Paulo, já começava a incomodar outras da região, por conta de sua qualidade na área acadêmica. Claro! Nem poderia ser diferente: meu irmão havia sido meticulosamente preparado pelo nosso pai para administrá-la academicamente. Além disso, meu irmão havia estudado muito para poder liderar aquela academia. Porém, faltava à instituição uma administração financeira consistente.

E, então, com apenas e tão somente 28 anos de idade, tornava-me diretor administrativo de uma instituição de ensino superior. Costumo dizer, para melhor ilustrar minhas atribuições, que tudo o que não se referia a "notas e faltas" dos alunos estaria sob minha responsabilidade. A missão era fazer o "avião decolar". O céu não era de brigadeiro. Havia nuvens de tempestade à vista.

Quando se assume uma responsabilidade dessa magnitude, o primeiro passo é domar os nervos. Brincadeiras à parte, era preciso manter a calma, pois a situação era caótica: não havia nenhum tipo de controle financeiro, não havia relatórios gerenciais indicando o quão saudável era aquele negócio. E se não fosse lucrativo? Como saber?

Simples! Era preciso fazer um completo raio X na administração, levantar todos — absolutamente todos — os custos daquela operação, entender como se comportavam as receitas e, finalmente, saber o nível de endividamento. Somente depois disso, seria possível traçar uma estratégia para seguir em frente.

Foram algumas semanas de trabalho. Havia um sistema informatizado operando relativamente bem e os dados estavam ali. Faltava que alguém os extraísse e os organizasse. Foi o que eu fiz.

Ao cabo dessas semanas de trabalho, debruçado sobre planilhas e mais planilhas, eu tinha tudo mapeado, ao detalhe: valor da folha de pagamento, impostos, contas de consumo (água, luz, energia elétrica, telefone, internet, aluguel etc.), mensalidades pagas (quando e como), inadimplência etc. Enfim, TUDO mapeado!

A conclusão a que cheguei era de que a instituição era saudável, mas vinha sendo mal administrada por terceiros desde a sua inauguração. Medidas urgentes e impopulares tinham que ser tomadas. E foi o que eu fiz!

Cortei descontos de muitos alunos, mas ofereci, por outro lado, um sistema mais equânime de distribuição de bolsas; cortei gastos desnecessários; disciplinei a forma como os alunos pagavam suas mensalidades, forçando-os a utilizar o boleto bancário e pagar suas mensalidades no banco, e não na instituição. Não foi fácil! Foram noites sem dormir adequadamente. Havia dias em que chegava para trabalhar às nove horas da manhã e saía por volta das dez da noite…

Outro passo determinante foi apresentar as contas internas para a gerência do banco do qual éramos correntistas. Essa simples ação demonstrou transparência e transmitiu confiança àquele que se tornou um grande parceiro nessa empreitada.

O nível de endividamento era relativamente alto para uma instituição nova como a nossa. Uma pena… Hoje, olhando vinte anos no retrovisor, acho que chegamos tarde demais. Mas, naquela época, não tinha volta. Era preciso seguir em frente!

Ao final do meu primeiro ano à frente da diretoria administrativa, havia conseguido fazer com que nosso “aviãozinho”, maneira carinhosa por meio da qual me referia à instituição, desviasse de sua rota de colisão contra as montanhas e passasse a mirar o céu. Mas, havia muitas nuvens de tempestades até alcançar o tão sonhado céu de brigadeiro...

Em pouco mais de dois anos, já tínhamos chegado à marca de mil alunos! Foi um esforço conjunto de nossa família! Esforço meu e de meus dois irmãos! Nenhum esforço maior de um ou de outro!

Quando se está à frente de uma instituição de ensino, uma coisa tem que estar muito clara: o nível de responsabilidade é incrivelmente alto. Não estou falando de fazer uma administração transparente e consciente. Não! Refiro-me ao fato de que todos os alunos matriculados depositam, na instituição, a confiança de que, dentro de poucos anos, terão um diploma nas mãos que os fará melhorar de vida, alcançar seus sonhos... Isso não é pouco!

Ao final de 2007, o governo brasileiro havia regulamentado a abertura do mercado educacional para empresas com fins lucrativos e, então, observamos a entrada das grandes corporações nesse mercado. Foi difícil competir contra esses gigantes. Éramos pequenos e descapitalizados. Não houve outra forma: nós nos desfizemos do negócio, antes que sofrêssemos as consequências econômicas.

Antes, porém, recebi uma ligação, no meio da tarde de uma quinta-feira, que mudou minha vida. Uma grande corporação na área de Real Estate (setor imobiliário e de infraestrutura) buscava um profissional para a gestão de *facilities* (infraestrutura) e acabou me encontrando em Boituva. Terminava um dos períodos profissionais em que mais suei, mais sofri, mais chorei, mas também mais sorri, mais trabalhei e, principalmente, mais aprendi...

Antes de encerrar, gostaria, caro leitor, de ressaltar duas peças-chave para aquela gestão de relativo sucesso. Uma delas é a RESPONSABILIDADE à frente de qualquer cargo, projeto ou instituição. A outra é a ORGANIZAÇÃO para entender a situação atual e traçar objetivos futuros.

O REINÍCIO

> "Mal sabia que estava prestes a ser apresentado a um lado obscuro e cruel do mundo corporativo."

Em junho de 2008, depois de aproximadamente quatro anos fora do mercado corporativo, eu finalmente estava de volta ao caminho que me levaria ao meu objetivo principal de ser diretor de uma empresa multinacional, trabalhando nos Estados Unidos.

Esse caminho começou a ser trilhando quando recebi um telefonema do setor de recrutamento e seleção de uma empresa multinacional do setor imobiliário, que buscava um gerente de *facilities* para um contrato com um de seus clientes, outra empresa multinacional no setor de informática, com sedes nas cidades de Hortolândia, interior de São Paulo, Porto Alegre e Eldorado do Sul, ambas no estado do Rio Grande do Sul.

Mas o que era gestão de *facilities*? Tinha uma superficial ideia do que vinha a ser esta função, por me lembrar de quando trabalhava para a empresa multinacional do setor de telecomunicações. Mas não tinha a real dimensão de sua verdadeira importância para o dia a dia das pessoas que vão ao escritório.

Gestão de *facilities* nada mais é do que o gerenciamento de toda a infraestrutura predial e de utilidades de uma propriedade ou uma operação. Em outras palavras: todos os serviços de manutenção e limpeza associados a uma propriedade ou operação.

Quando você, caro leitor, chega pela manhã ao escritório para trabalhar e encontra um serviço de recepção eficiente, uma temperatura ambiente agradável, máquinas de café operando como relógios suíços, banheiros limpos etc., não faz ideia da estrutura necessária para garantir o seu bem-estar e a sua segurança durante as oito horas de trabalho dentro do escritório.

Trata-se de um trabalho com alcance muito amplo e, paradoxalmente, com pouca visibilidade para todos os demais colaboradores da empresa. Estes, aliás, normalmente só percebem que isso existe quando a máquina de café não funciona, quando esquecem o crachá em casa e não há um serviço de recepção que lhes ajude, quando está insuportavelmente frio (ou calor) dentro do escritório ou, ainda, quando o banheiro está sujo feito o "de uma rodoviária". Não se assuste com os termos, pois é assim mesmo que as reclamações chegam aos nossos ouvidos.

A gestão de todos esses elementos estava claramente entre as inúmeras atribuições que o cargo de diretor administrativo da instituição de ensino superior me conferia. Foram quatro anos de experiência e eu nem sabia que aquilo era gestão de *facilities*!

Pois bem; voltei ao tão sonhado mundo corporativo e entrei pela porta da frente: a sede da empresa ficava situada no complexo corporativo World Trade Center, na cidade de São Paulo, mais exatamente na Marginal Pinheiros, importante (e congestionada) via arterial dessa querida metrópole. Havia, dessa maneira, alcançado um dos meus objetivos de curto prazo, pois, desde meus tempos de estudante, tinha estabelecido como meta, um dia, trabalhar em alguma empresa multinacional sediada naquele complexo.

Mal sabia que estava prestes a ser apresentado a um lado obscuro e cruel do mundo corporativo.

Havia sido contratado para substituir um experiente e muito competente profissional que, aparentemente, não havia se adaptado ao cliente. Pelo menos, era esse o motivo declarado de sua transferência para outra conta. Ele sempre foi muito claro e transparente comigo, ao aconselhar-me sobre os perigos e as armadilhas daquele contrato que eu acabara de herdar.

Enquanto os problemas não apareciam, tudo era fantástico! Passava três semanas indo, diariamente, de Sorocaba até Hortolândia (eram 200 km diários), mas o cansaço era compensado por uma semana de viagem para Porto Alegre.

Nossa equipe era formada por mais de cinquenta profissionais de manutenção e de limpeza, que trabalhavam exaustivamente para que, todos os dias, os mais de cinco mil colaboradores de nosso cliente, nas três sedes, pudessem desfrutar das instalações e dos serviços com conforto e segurança. Mas isso parecia não ser suficiente!

Logo os problemas começaram a aparecer, as reclamações aumentaram e a paciência do cliente foi acabando.

Hoje, fazendo uma análise crítica, e colocando as emoções de lado, vejo que aquele contrato estava mal configurado e pouco claro em sua definição de responsabilidades. Isso era o que fazia com que os representantes do cliente, meus interlocutores, tivessem uma altíssima expectativa — que não seria nunca satisfeita. Não estávamos ali para reformar as instalações que eram antigas. Estávamos ali para manter tudo operando e funcionando. Há uma diferença abismal entre essas duas condições.

E aquele profissional experiente e competente que me aconselhava no início? Raymundo Damasceno foi de suma importância para mim, naquele primeiro momento. Aprendi muito com ele! Somos amigos até hoje e, sempre que temos a oportunidade, nos encontramos para desfrutar de um ótimo churrasco (feito por ele, claro!) e da companhia de nossas famílias!

Em meu segundo ano, nessa empresa, fui transferido para outro contrato grande, agora com outra gigante multinacional na área de software. Outro pesadelo.

Apesar de ter adquirido certa experiência na gestão de clientes difíceis, trabalhar nesse contrato foi ainda mais complicado. Se, por um lado, não havia mais a necessidade de tantas viagens, pois as atividades se concentravam em sua sede na cidade de São Paulo; pelo outro, o nível de exigência do meu interlocutor era insanamente alto.

Parecia haver uma disputa velada pela confiança da equipe, que, novamente, realizava exaustivamente seu trabalho.

Comecei a ter problemas quando, ao avaliar o nível de eficiência de cada membro da equipe de limpeza, juntamente com a líder daquele grupo, entendi que um determinado profissional deveria ser substituído, por não atender à demanda de qualidade imposta pelo cliente. Pronto: parecia que minha solicitação, baseada em critérios absolutamente técnicos, havia deflagrado a 3ª Guerra Mundial e feito, de mim, o sujeito mais cruel da face da Terra. Parecia, aos olhos do cliente, um absurdo não poder contar com os serviços prestados pelo "senhor da limpeza" que já lhes ajudava há anos e que é um "amor de pessoa".

Mas não se tratava de ser bom ou mau. Trava-se de eficiência, qualidade e custo; elementos-chave para o êxito daquele contrato. Aquele "senhor da limpeza" já não reunia condições físicas e de saúde para continuar limpando banheiros com a mesma eficiência de outrora. A sua não substituição implicava a contratação de outro profissional para refazer aquele mesmo serviço que não havia sido bem-feito da primeira vez.

Não adiantou; perdi a batalha e, mais tarde, a guerra. Fui substituído, no décimo mês daquele contrato, e passei a fazer cobertura de férias, até que fui contratado pela maior empresa de arquitetura de interiores do Brasil.

Ficou a cicatriz, ficou o aprendizado e a certeza de nunca, seja na minha vida pessoal ou profissional, tratar um fornecedor, ou quem quer que seja, da forma como fui tratado. Aquela máxima de "não fazer para os outros o que não queremos que façam conosco" foi ainda mais aprofundada em minha conduta pessoal e profissional.

O TRAMPOLIM

> "Ser um profissional organizado talvez seja o mais importante requisito para poder ocupar o cargo de gerente de contratos."

O ano era 2010; mês de junho, para ser mais exato. A Espanha ganhava, em solo sul-africano, sua primeira (e única, até o momento) Copa do Mundo. A euforia não era somente a dos espanhóis. Era minha, também: havia sido contratado pela maior empresa de arquitetura do Brasil. Seria gerente de contratos de projetos e construção de unidades fabris e de logística para grandes empresas multinacionais no Brasil.

Fui apresentado a uma nova função dentro do mundo da infraestrutura corporativa: a gestão de projetos. Passei a olhar pelo espelho retrovisor, pelo menos por um tempo, a gestão de operações e passava a vivenciar, na prática, aquilo que já tinha aprendido em cursos extracurriculares quando estudante.

Em termos gerais (e de forma bem simplificada, para não dizer simplória), a grande diferença entre uma operação e um projeto está na perenidade de uma operação. Os projetos são efêmeros e sempre têm um começo, um meio e um fim. As operações não têm fim; todos os dias vamos ao trabalho e o desafio é mantê-las funcionando de forma eficiente.

Apesar de não ser engenheiro civil e tampouco arquiteto de formação, minha experiência no relacionamento com o cliente, aliado ao perfil de "fazer as coisas acontecerem", foram fatores preponderantes para que a empresa confiasse, a mim, a gestão de dois grandes contratos. Um deles era o de gerenciamento do projeto e construção da primeira fábrica brasileira de geradores de energia eólica de uma empresa multinacional francesa, na cidade de Camaçari, no Estado da Bahia. O outro foi de gerenciamento de projetos e construção das ampliações da base de operação de uma empresa multinacional na área de petróleo e gás na cidade de Macaé, no estado do Rio de Janeiro.

Obviamente, minha pouca — ou inexistente — experiência com gestão de obras civis foi compensada com a montagem de uma equipe de profissionais de primeira linha. Todo o suporte oferecido pela empresa me deixava bastante confortável e seguro para gerenciar ambos os contratos. Minha função era a de entender as demandas do cliente e traduzi-las à equipe que as transformaria em projeto e, posteriormente, em construção; e, finalmente, em edificação.

A vida do gerente de contratos era sempre muito agitada. O dia era preenchido com reuniões com o cliente, fornecedores, equipe de arquitetura e engenharia, construtoras, advogados para adequação de termos de contrato e aditivos etc. Essa função exige muita flexibilidade, muita energia, vontade de vencer cada etapa do projeto, paciência e, principalmente, organização. Ser um profissional organizado talvez seja o mais importante requisito para poder ocupar o cargo de gerente de contratos.

Como parte do processo de concorrência para a construção da fábrica de aerogeradores, na Bahia, fiz questão de avaliar cada uma das construtoras e suas propostas com um nível de detalhe incrível. Foram, pelo menos, dez dias analisando cada uma das oito propostas apresentadas e comparando-as com os projetos executivos de construção. Cada desvio apresentado era anotado e ficava registrado em uma gigantesca planilha eletrônica que eu havia criado exclusivamente para esse fim. Assim, ao final, a gigantesca planilha eletrônica continha dados comparativos entre todos os concorrentes. E o melhor de tudo: essas informações também acabaram sendo, de forma geral, registradas em minha memória!

É natural que, ao final desta fase de análise, existam dúvidas que devam ser sanadas com os responsáveis pelas propostas. Era hora, então, de telefonar para cada um deles. Foi o que eu fiz.

Uma das construtoras apresentou uma proposta com valor relativamente elevado para aquele projeto, e a análise que eu havia feito apontava para o fato de que nem todo o alcance do projeto havia sido precificado (o que foi confirmado, durante meu longo telefonema com o seu representante). Pedi a ele que me enviasse uma revisão, com os pontos observados por mim. Ele assim o fez, mas, para minha surpresa, as lacunas persistiam. Ficou evidente que havia um risco de o meu cliente ser surpreendido por aditivos de contratos durante sua obra. A empresa foi desclassificada e informada de que não havia sido a escolhida para a execução da obra. O gerente de contratos é o guardião do orçamento do projeto e, portanto, deve proteger seu cliente de riscos e surpresas.

O anúncio da construtora vencedora do contrato foi feito naquela semana em que normalmente nada acontece, entre o Natal e o Ano Novo... Pois naquele ano aconteceu...

Meu cliente havia recebido uma ligação do proprietário daquela construtora desclassificada por não precificar o completo alcance do projeto: o distinto senhor estava no aeroporto de Salvador, capital do estado da Bahia, a caminho da capital paulista, e exigia uma reunião para apresentar uma nova revisão de proposta. O cliente, muito ponderada e acertadamente, pediu que a reunião fosse feita na sede da empresa em que eu trabalhava (afinal, todas as informações a respeito da análise estavam lá guardadas) e entrou em contato comigo. Imediatamente, levei o tema ao conhecimento dos meus diretores, que me acompanharam na reunião.

Após as saudações iniciais, o proprietário da construtora distribuiu a todos um livreto com a tal nova revisão de proposta e iniciou sua explanação. Eu, por já ter destrinchado aquele projeto e todas as propostas e revisões apresentadas pelas empresas concorrentes, inclusive aquela dita inédita, identifiquei aquela como sendo cópia de algo já analisado. Em menos de cinco minutos, interrompi o discurso e expus que aquela proposta já havia sido apresentada, analisada e seguia contendo lacunas de alcance, o que geraria um risco de aditivos ao nosso cliente, que nos ouvia atentamente. Disse-lhe, ainda, que havia discutido longa, detalhada e exaustivamente o tema com seu funcionário, mas que a proposta continuava apresentando aqueles vícios.

Ao final da minha fala, todos se entreolharam, meus diretores me pediram para buscar um documento na impressora e, quando retornei, todos já haviam se retirado. Senti-me mal por ter exposto de forma tão direta o problema da proposta, imaginando que meus diretores estivessem furiosos comigo. Afinal, o diretor da construtora viera a São Paulo com esse único e exclusivo fim, e o cliente cruzara a congestionada capital para atender a uma reunião que acabou em menos de dez minutos. E por minha culpa!

Resolvi, então, conversar com meu diretor, que estava só, em sua sala compartilhada com o outro diretor.

Entrei, desculpando-me por ter acabado com a reunião daquela forma e dizendo que não era a minha intenção causar nenhum mal-estar com o cliente ou com um possível futuro parceiro em outras obras. Ele me abriu um sorriso e me disse para não me preocupar. Nesse exato momento, entra na sala o outro diretor, normalmente mais sério, que põe sua mão em meu ombro e diz: "Muito obrigado, Rubens, por ser tão organizado". Minha organização, naquele processo todo, havia evitado uma tarde inteira naquela reunião — e, principalmente, havia garantido a conquista da confiança daquele cliente.

Aos poucos, fui conquistando o respeito e a admiração dos colegas e clientes pela maneira sólida e consistente como gerenciava meus contratos, pela maneira como gerenciava as expectativas quanto às entregas associadas aos projetos, pela atenção aos detalhes e, principalmente, pela minha calma. Passei a ser conhecido e reconhecido, dentro da empresa, pela minha fleuma.

Tive o privilégio de fazer parte de um time espetacular. Um time de profissionais do mais alto gabarito, que sabiam exatamente o que tinha que ser feito, para que, ao final da obra, o cliente recebesse o que tinha sido combinado. Era satisfação garantida.

Durante um ano inteiro, liderei o time de projetos e gerenciamento de construção, que atendia à empresa multinacional de petróleo e gás em Macaé/RJ. Conosco não tinha conversa! Missão dada era missão cumprida: dentro do prazo, dentro do orçamento e com a qualidade acordada com o cliente. Éramos a Tropa de Elite, como no filme homônimo de 2007, do brasileiro José Padilha, renomado diretor de cinema.

No ano de 2011, iniciou-se, dentro da empresa, um movimento para estruturar melhor o atendimento a todos os clientes. Todas as sextas-feiras pela manhã, todo o corpo técnico da empresa se reunia, sob a batuta do CEO e sócio-proprietário da empresa, para analisar os processos internos e melhorá-los.

Em uma dessas reuniões, foram trazidos consultores externos para ajudar-nos nessa tarefa. Os consultores vieram, expuseram suas ideias e acompanharam, em silêncio, algumas dessas reuniões; sempre discretos, no fundo da sala, anotando tudo o que viam e ouviam. Aquelas reuniões me traziam certa agonia, pois eu não via resultado e tinha a impressão de que caminhávamos, mas não saíamos do lugar.

Algumas semanas depois, já ao final da reunião daquela sexta-feira, ao sermos perguntados pelo CEO da empresa sobre nossa opinião a respeito do progresso que vínhamos fazendo, não me contive. Criei coragem e expus o meu ponto de vista, que já vinha maturando havia algumas semanas. Minha intervenção foi simplesmente uma exposição de uma metodologia de mapeamento de processos que havia estudado em um livro de organização e métodos quando preparava minhas aulas na faculdade de nossa família. Foram os quatro anos lecionando o método de mapeamento que me garantiram segurança para explicar como eu pensava que aquele trabalho deveria ser desenvolvido às sextas-feiras.

Percebi, então, que, durante a minha explanação, um dos consultores externos posicionado exatamente atrás do CEO, parou de fazer suas anotações, retirou seus óculos de leitura e começou a balançar sua cabeça de forma positiva. Era um claro sinal de que eu estava no caminho certo.

Ao final da minha explanação, o CEO agradeceu e disse a todos que, na semana seguinte, iniciaríamos a reunião com uma visão mais geral dos processos e prosseguiríamos com o que vínhamos fazendo. Parecia que eu não havia sido totalmente claro e que necessitava ir mais a fundo na explicação da metodologia. Naquela mesma tarde, fui ao encontro do CEO em sua sala, juntamente com um dos colegas que fazia parte da nossa "Tropa de Elite" (e que tinha mais abertura para o diálogo). Ali, tive a oportunidade de dar mais detalhes daquela metodologia, com a apresentação de um exemplo prático para o contrato que eu vinha gerenciando à época. O CEO se encantou e me disse que, a partir da semana seguinte, a reunião seria liderada por mim.

Pois é, cuidado com aquilo que você quer; você pode conseguir...

A partir daí, passei a liderar aquelas reuniões e, dentro de pouco mais de um mês, já tínhamos mapeado todo o processo comercial da empresa. Tudo com muito detalhe e com a colaboração de todo o corpo técnico da empresa. Mais dois meses e *voilà*:

estava mapeado o processo de arquitetura e engenharia! Passei a ser conhecido na empresa como "o Professor" — e me orgulhava disso!

Foi nessa mesma época que meu cliente daquela empresa multinacional de petróleo e gás fez o convite para que eu fizesse parte da sua equipe de gerenciamento de projetos para a América Latina. O convite era irrecusável: eu me mudaria para a Cidade do Panamá e, portanto, iniciava-se minha carreira internacional.

Aquele trabalho de mapeamento dos processos da empresa teve que ser interrompido. Minha história naquela empresa teve que ser interrompida. Para mim, segue como uma história inacabada. Um dia, deverá ser retomada e finalizada.

Sinto muito orgulho de ter feito parte daquele time e gratidão pelo fato de a empresa ter me dado a oportunidade de me desenvolver profissionalmente. Essa empresa foi, sem dúvida, um trampolim para que eu pudesse alcançar meus objetivos profissionais.

O INÍCIO DA CARREIRA INTERNACIONAL

> "O bom profissional não retém informação. Ele a dissemina e a distribui, contribuindo para o sucesso de seu departamento ou mesmo da empresa."

Após dois bem-sucedidos anos na maior empresa brasileira de arquitetura (e apesar de ter a certeza de não haver encerrado meu ciclo lá), era hora de alçar um novo e importante voo, em direção ao meu principal objetivo de longo prazo: ser diretor de uma empresa multinacional nos Estados Unidos.

Em 2012, o convite recebido foi aceito sem muita hesitação e, em junho daquele mesmo ano, embarcava para umas das mais fantásticas aventuras da minha vida. Apesar de ter "batido na trave", eu sabia que alcançar meu objetivo principal era uma questão de tempo e esforço. Ser gerente de projetos para a América Latina de uma empresa multinacional da área de petróleo e gás não era pouco, e representava um passo gigantesco adiante.

Assinei um contrato de expatriação de três anos, com previsão de renovação para outros três. Esse movimento foi, até certo ponto, arriscado, pois, tratando-se do mundo corporativo e de negócios, nesse tempo, tudo pode mudar, ainda mais para o mercado do petróleo.

Ao longo dessa trajetória de, até aquele momento, catorze anos, percebi que seja em qual for a empresa onde estivermos trabalhando, o primeiro ano é para aprender tudo sobre a empresa, seus processos, sua cul-tura, enfim, aprender o máximo possível. O segundo ano deve ser reservado para mostrar o aprendizado, na forma de uma eficiente e consistente performance. Já o terceiro ano é para você ensinar a alguém ou ao seu time todo o conhecimento adquirido. É um engano pensar que reter informação garantirá seu emprego. O bom profissional não retém informação; ele a dissemina e a distribui, contribuindo para o sucesso de seu departamento ou mesmo da empresa.

Ao chegar para o meu primeiro dia de trabalho em um edifício de 25 andares, classe AAA, no bairro de Costa del Este, de frente para a baía do Panamá, cercado por inúmeros prédios de escritórios corporativos, tive a sensação de, finalmente, ter alcançado o auge da minha carreira. Naqueles poucos, mas intermináveis minutos de viagem, dentro do elevador, entre o piso térreo e o 14º andar, apenas uma coisa passava pela minha cabeça: tudo o que havia passado para chegar até ali havia sido recompensado! A porta do elevador se abriu e o mármore que revestia tanto o piso quanto as paredes daquele *hall* trouxe ainda mais certeza àquele meu pensamento. Eu havia conseguido! "Cheguei ao auge da minha carreira!"

Foi uma sensação única de satisfação que se desvaneceu em poucos minutos... Ao entrar no escritório, passei a observar à minha volta toda a estrutura organizacional e hierárquica de gerenciamento da operação regional daquela gigante petroleira. Apesar de ter dado um passo importante na direção do meu objetivo principal, eu ainda não era mais do que um soldado raso, e teria que comer muito "arroz com feijão" se quisesse realmente alcançar meus objetivos.

Passado o choque de realidade, mãos à obra!

A partir da Cidade do Panamá, eu seria responsável por gerenciar vários projetos de diferentes magnitudes e complexidades. Minhas responsabilidades abrangiam Colômbia, Equador, Panamá (claro!), Trinidad & Tobago e Peru. Havia de tudo um pouco: gerenciamento de projetos de arquitetura e engenharia de duas novas bases operacionais nas cidades de Villavicencio e Barrancabermeja, no interior da Colômbia, e gerenciamento de ampliações e reformas, nas bases operacionais nas cidades de El Yopal, também na Colômbia; de El Coca, no Equador; de Neuquén, mais ao Sul do território argentino, já na entrada da região da Patagônia; e na cidade de San Fernando, na ilha de Trinidad. Houve ainda a execução do projeto de expansão dos escritórios corporativos na Cidade do Panamá.

Os dois anos seguintes foram de muito trabalho, muitas viagens pelo continente e muito aprendizado. Quase duas vezes por mês ia à cidade de Bogotá e intercalava com outras viagens à Argentina, ao Equador e a Trinidad & Tobago. Nesse período, estive também em um dos lugares mais tristes que já visitei: Talara, cidade petroleira e praiana ao Norte do Peru, palco da novela *Quién mató a Palomino Molero?* do escritor e ganhador do Prêmio de Nobel de Literatura em 2010, Mario Vargas Llosa. Talara era triste pela sua pobreza e falta de saneamento, apesar de ter uma refinaria de petróleo bem no centro, que, certamente, garantia um bom ingresso financeiro àquela cidade. Aliás, esse ainda é o cenário típico de cidades petroleiras na América Latina, infelizmente.

Em todas essas viagens, pude constatar que nós, brasileiros, ainda somos muito fechados aos nossos vizinhos e o quanto ainda temos que aprender com eles. Em cada capital que eu visitava, encontrava profissionais de todos os rincões do continente. E não me refiro ao Panamá — que, por força de sua pujante economia, impulsionada por incentivos fiscais a empresas multinacionais, e pelo colosso da engenharia que é o Canal do Panamá, naturalmente, reunia uma quantidade muito grande de estrangeiros e expatriados.

Na cidade de Quito, capital do Equador, tive o prazer de conhecer um arquiteto que havia vencido um concurso internacional para a escolha do projeto arquitetônico da sede da UNASUR, controverso grupo que reunia os governos mais orientados à esquerda política, que dominaram o continente por quase duas décadas, de 2002 a 2020. Foi impressionante ver o jovem arquiteto, mais jovem do que eu, exibir, todo orgulhoso, a foto ao lado de vários chefes de Estado da região — e de ninguém mais, ninguém menos do que Oscar Niemeyer, cujo projeto havia ficado com o 2º lugar. Não se via soberba em sua fala; pelo contrário, havia a humildade de haver superado o seu mestre, segundo suas palavras.

Aprendi, também, a desfrutar um pouco dessas viagens e encontrar tempo para aproveitar um bom restaurante, ao lado de colegas de trabalho. Foi nesse período que comecei a perceber que é preciso reservar tempo para relaxar um pouco e conhecer um pouco mais das culturas locais, sem abusos e sempre diferenciando os gastos pessoais dos profissionais.

Ao chegar à metade do meu período contratual, ou seja, depois de um ano e meio vivendo na minha querida Cidade do Panamá, e tendo a oportunidade de viajar bastante pelo nosso continente, percebi que a renovação do meu contrato ao final do terceiro ano seria muito difícil. Comecei a analisar minhas possibilidades, que se reduziam a duas: assinar novo contrato como trabalhador local no Panamá e perder todos os benefícios e regalias garantidas pelo contrato de expatriação ou retornar ao Brasil desempregado...

Sair do Brasil e assinar um contrato de expatriação foi muito difícil e me garantiu uma mudança de patamar econômico e financeiro. Não podia deixar tudo para trás e voltar ao Brasil. E, pior, sem emprego!

E foi então que recebi outra daquelas inacreditáveis ligações que mudam a nossa vida: uma profissional de recrutamento e seleção de uma gigante multinacional na área de tecnologia em saúde e bem-estar, que recentemente transferira sua sede latino-americana para a Cidade do Panamá, estava em busca de um diretor de Real Estate (infraestrutura) para a região. Bingo! Fui encontrado novamente! Assim... sem qualquer explicação, sem qualquer aviso... Apenas aconteceu!

Dei mais um passo adiante na busca pelo meu objetivo maior. Deixaria de ser gerente e passaria a diretor. Ainda não era nos Estados Unidos, mas também já não me importava! Viver na Cidade do Panamá era mais do que especial!

Mas, calma, que esta história não termina aqui... Mais um passo seria dado. Um dos mais desafiadores da minha vida profissional e, acredito, o melhor trabalho executado. E bem executado!

O MAIS COMPLETO

> “Sem sombra de dúvidas, minha carreira foi construída pouco a pouco, com muita paciência e esforço.”

Pode parecer muita coincidência, mas, desde 2008, quando retornei ao mercado das grandes corporações, consegui mudar de emprego a cada dois anos. Havia passado por três empresas nos últimos seis anos, sempre ocupando cargos em um certo grau de progressão. Nenhuma dessas mudanças de emprego foi planejada; pelo contrário! Sempre fui agraciado, até o momento, com uma inesperada ligação telefônica do departamento de recrutamento e seleção de outra empresa e, após passar por rigoroso processo de seleção, acabava por aceitar novos desafios.

Cada escolha implica uma renúncia. Nada de arrependimentos ou remorsos.

Entre os meses de março e junho de 2014, eu vivia num misto de angústia e expectativa, por uma nova oportunidade que surgia. Angústia, porque meu contrato com aquela empresa de petróleo e gás chegava à metade e não havia muita perspectiva de renovação. Expectativa, porque participava de um processo de seleção para uma posição de diretoria em uma gigante multinacional na área de tecnologia em saúde e bem-estar. Conquistar aquela vaga seria mais um importante passo em direção ao meu objetivo de longo prazo.

Com a vaga de diretor de Real Estate (de infraestrutura) conquistada, iniciou-se, no mês de julho daquele ano, um dos períodos mais ricos de minha carreira. Eu era o responsável pelo departamento que gerenciava todos os títulos de propriedades, contratos de aluguéis, projetos de remodelações, reformas e construções e, também, os serviços de limpeza, manutenção e segurança das mais de cinquenta unidades espalhadas pelo continente, desde o México até Tierra del Fuego, no extremo Sul do território argentino.

Havia chegado o momento de pôr em prática todo o aprendizado acumulado desde a minha graduação nos longínquos idos de 1998. Era tempo de seguir aprendendo. O período de aprendizado não acaba nunca!

Perceba, caro leitor, que este cargo reunia um pouco de cada experiência que eu havia adquirido ao longo dos últimos dez anos, desde o trabalho como diretor administrativo da faculdade de minha família (quando eu era responsável, também, pela manutenção predial) até a gestão de projetos em empresas multinacionais. Sem sombra de dúvidas, minha carreira foi construída pouco a pouco, com muita paciência e esforço.

Há quem possa pensar que a partir daqui tudo seria mais fácil; afinal, agora eu era diretor. Engano!

O panorama encontrado foi, se não o de caos completo, o de algo muito semelhante. Embora o departamento estivesse muito bem organizado globalmente, regionalmente não havia comando. Todos os colaboradores da empresa, em geral, faziam o que queriam, como queriam e quando queriam. A empresa terceirizada, contratada para gerenciar os serviços de *facilities*, não o fazia de forma eficiente, faltava-lhes orientação e organização. Como consequência, havia muita reclamação em praticamente todos os escritórios e fábricas da empresa, na região latino-americana.

Para ajudar a piorar ainda mais a situação, a impaciência imperava. A sede regional havia recentemente se mudado da cidade de São Paulo para a Cidade do Panamá, e não se podia admitir que a nova sede tivesse serviços de tão baixa qualidade. Não! Isso era inconcebível!

Um claro exemplo da completa falta de comando foi saber, pelos meus diretores nos Estados Unidos, que, seis meses antes da minha entrada, a diretoria de uma das fábricas havia construído um galpão de armazenamento de produtos com seis mil metros quadrados sem o conhecimento do departamento de Real Estate — que era justamente quem deveria se ocupar de tal empreendimento. Incrível!

Outro significativo exemplo do cenário de caos encontrado foi a situação das máquinas de café no escritório do Panamá. Alguns poucos meses antes do meu ingresso na empresa, o setor de compras realizou um estudo e constatou que seria mais barato adquirir as máquinas de café do que contratar o serviço especializado. Porém, não levou em consideração os custos de manutenção daquelas máquinas, que permaneciam a maior parte do tempo quebradas, sem fornecer uma gota de café sequer — para desespero dos mais de 250 colaboradores. Tampouco levou em consideração que havia pouquíssimas empresas especializadas em conserto de máquinas de café na Cidade do Panamá; praticamente tudo tinha que ser importado dos Estados Unidos. Não era raro chegar ao escritório, pela manhã, e ser recebido pelo diretor de compras, responsável por aquele falho estudo, cobrando-me, em alto e bom som, para que todos escutassem: "Não tem café! A duas máquinas estão quebradas!". Uma vergonha para mim, que, agora, era responsável por esse serviço, e uma outra maior ainda para ele, pelo papelão da gritaria logo à primeira hora de expediente.

Para coroar esse cenário complicado, no ato da minha contratação, me foi apresentado o primeiro e principal desafio: dentro de seis meses, o contrato com a empresa terceirizada, em toda a região, seria finalizado e não seria renovado. Eu seria responsável por montar a minha própria equipe, em substituição àquela. Se, por um lado, montar a minha própria equipe, feita por pessoas e profissionais da minha confiança, era uma valiosa oportunidade para melhorar o nível de qualidade dos serviços; de outro, trabalhar durante seis meses em meio ao caos e com uma equipe de profissionais que sabidamente não prosperariam, era um enorme risco para a minha recém-iniciada jornada.

Se já não me bastassem todos esses problemas operacionais, que me tiravam o sono durante aqueles primeiros meses de trabalho, eu ainda tinha que resolver outro problema mais estratégico: o departamento apresentava o terceiro mais alto custo da corporação na região e o mais alto, quando consideradas apenas as operações de suporte ao negócio (por exemplo, compras, informática, financeiro etc.)

Enfim, era um desafio e tanto o que eu tinha pela frente e demandaria muita calma e paciência para gerenciar as expectativas dos meus clientes internos, até que a qualidade do serviço melhorasse. Demandaria, também, muito conhecimento acadêmico e técnico para lidar com os custos da operação; e, finalmente, mas não menos importante, exigiria de mim uma sensibilidade incrível para liderar um time com data de validade definida, enquanto montava e treinava um novo time.

Precisava delinear um plano, urgentemente. Mas, por onde começar? Pelo começo, é claro!

Em primeiro lugar, era preciso melhorar o que era público e notório para todos os colaboradores frequentadores do principal escritório: a percepção do nível de qualidade dos serviços internos do escritório. E, dada a sua importância, tinha que começar pelo escritório do Panamá.

Iniciei um trabalho de aproximação com o funcionário da empresa terceirizada, para tentar identificar a causa (ou as causas) de tanta reclamação por parte dos colaboradores. Para falar a verdade, sempre que conversava com aquele rapaz, enxergava-me nele. Ele vinha passando pela mesma situação que eu havia passado quando gerenciava o contrato de gestão de *facilities* para outras duas empresas multinacionais. Vinha sofrendo ataques desnecessários e tudo de que ele necessitava era apoio de sua empresa. Mesmo sem essa obrigação, tratei de ajudá-lo e orientá-lo. Infelizmente, não via uma resposta positiva por parte dele. Até que, um dia, umas das diretoras de recursos humanos exigiu que o rapaz não fosse mais autorizado a entrar no escritório, porque ele, mesmo sem ter direito a um estacionamento no prédio, por ser um funcionário terceirizado, usufruía daquele benefício, pois tinha incluído seu cadastro — uma clara violação ética à política da empresa. Não houve como salvá-lo. Pronto! Estava com outro problema na mão... Bem ou mal, o rapaz era quem gerenciava os mais básicos serviços dentro do escritório...

Naquele sábado de muito sol na Cidade do Panamá, havia descido, com meus dois filhos, para um banho de piscina, na área social do PH Vertikal, um edifício de 38 andares localizado no bairro de Costa del Este. Enquanto observava, julgava e dava notas de zero a dez aos mirabolantes saltos ornamentais dos garotos, veio, ao meu encontro, a administradora do condomínio para despedir-se, pois havia encontrado outro emprego semelhante em condomínio mais ao centro da cidade. Havia meses que eu observava a maneira como ela gerenciava aquele edifício: comandava o time da limpeza e manutenção de maneira que tudo funcionava perfeitamente. Ela estava sempre alegre e sorridente. Atendia a todos com simpatia e graça.

Não pensei duas vezes e ofereci-lhe a oportunidade de, em vez de continuar trabalhando em um condomínio, ingressar em uma empresa multinacional. Ela seguiria fazendo exatamente o mesmo tipo de serviço e já tinha dado provas mais do que suficientes de que era capaz.

Poucas semanas depois, Maria Elena Sandoval, venezuelana da cidade de Caracas, era contratada como parte da minha equipe. Não tenho medo de afirmar que foi a melhor contratação que fiz em toda a minha carreira. Nunca acertei tanto no encaixe entre o perfil do profissional e a característica da posição ocupada. Deixei muito claro para ela o nível do problema que teríamos pela frente e disse que precisava da sua ajuda para virar aquele jogo. Ela entendeu muito bem o recado e deu conta dele!

Logo nas primeiras semanas, houve a primeira crise "séria": as máquinas de café pararam novamente e eu fui chamado pelo CFO (Chief of Finance Officer), principal liderança do escritório, em uma sala de reuniões. Sem nenhum tipo de saudação, assim que entrei, ouvi: "Rubens, café é o motor que move o escritório. Nunca o deixe faltar. Só isso! Pode se retirar". Assim, sem cerimônia e sem anestesia.

Pedi, então, à Maria Elena que me ajudasse com alguma solução. Ela me informou que o conserto de ambas as máquinas de café ainda levaria semanas, pois dependia de peças importadas dos Estados Unidos — e que a única possível solução seria comprar cafeteiras dessas caseiras, mas de alta capacidade. Não era o ideal, mas, pelo menos, teríamos "o motor para mover o escritório". Maria Elena, então, pesquisou no mercado e encontrou uma empresa que provia máquinas de café, seus insumos, serviços de manutenção e ainda mantinha um escritório avançado no próprio prédio onde estávamos localizados. Não pensei duas vezes: autorizei a contratação do serviço e, dentro de alguns dias mais, passou a funcionar o "motor" que nunca mais parou. O que aconteceu com as outras máquinas? Acho que não foram nem para a reciclagem...

Por incrível que pareça, a partir daquele momento, pudemos começar a respirar um pouco e organizar melhor nossos serviços de limpeza e manutenção, de modo que, em pouco tempo, tudo passou a funcionar como um relógio, sob a batuta da excelente Maria Elena.

Enquanto isso, no escritório da cidade de Lima, no Peru, uma recepcionista — que apesar de estar dentro da minha estrutura, exercia também funções estendidas de secretária executiva do líder local — reportava, a mim e à Maria Elena, que vinha sofrendo assédio moral por parte daquele líder. Em poucos minutos de conversa telefônica, pude observar que a capacidade dela ia além das atribuições que a empresa lhe conferia. Não havia, porém, provas consistentes do assédio moral que ela vinha sofrendo e lutar contra isso seria muito complicado. Resolvi o problema de outra forma: fiz um acordo com o distinto senhor para que ela passasse a se reportar diretamente a mim, e assim o fizemos! O resultado: cessaram os problemas. E até hoje ela segue conosco, como parte do time, tendo sido transferida para o escritório do Panamá... E o líder assediador? Já não faz parte do quadro de colaboradores há anos.

Na cidade de Buenos Aires, tínhamos problemas estruturais graves no edifício antigo, mas icônico. Precisávamos de uma presença igualmente forte, para organizar os serviços que oferecíamos. Para aquela unidade, contratamos o Fausto; outro acerto que, em pouco tempo, mostrou o valor de Real Estate para aquela organização local — e também para o escritório de Santiago, no Chile. O Fausto foi tão bem em sua função, que acabou me substituindo, quando um novo desafio bateu à minha porta, alguns anos depois.

De volta ao escritório do Panamá, houve uma demanda por redução de custos e nós, diretores, fomos instados a apresentar uma lista de dispensas. Momento difícil. A nova equipe do departamento já estava formada, por um misto de novos integrantes e antigos funcionários da terceirizada que tinham provado competência. Aliás, naquele momento, já se notava uma significativa melhora na qualidade dos serviços que oferecíamos em toda a região.

Depois de muito refletir, decidi eliminar uma camada de gerência que ficava entre mim e o time de cada país, e então foram embora dois profissionais muito competentes, uma pena! Além deles, fiz um acordo com os diretores de uma das nossas fábricas, na cidade de Varginha, no interior do estado de Minas Gerais, para substituir nosso colaborador, que já não conseguia oferecer aquilo que se esperava dele.

Ainda assim, a alta diretoria queria mais. Insistiam que eu incluísse na lista o nome do Humberto, nosso único gerente de projetos, fazendo uma série de acusações infundadas a respeito de seu comportamento. Foi uma das discussões mais complicadas que tive na minha vida profissional. Eram três diretores buscando, de todas as formas, que eu deixasse escapar, por descuido, o nome daquele profissional, para que ele fosse incluído na lista de dispensas. Aguentei firme e, ao sair daquela pesada e nefasta reunião, iniciamos, o Humberto e eu, um processo cuidadoso de recuperação. Decidi, estrategicamente, fazer de tudo para que sua imagem fosse sempre associada à minha, de forma que estávamos sempre juntos e meus êxitos eram os dele — e os dele eram meus. Manobra arriscada aquela, mas que deu muito certo, pois, passados mais de cinco anos desse episódio, o Humberto segue no time como gerente de projetos, entregando vários projetos de remodelações de escritórios e fábricas nas diversas unidades da região, sempre com alta qualidade, dentro do cronograma e orçamento esperados. Aqueles três diretores deixaram a empresa algum tempo depois daquele episódio.

Em 2015, a empresa anunciou, globalmente, que faria a separação de uma de suas unidades de negócio e que, como consequência dessa separação, em 1º de abril de 2016, haveria duas empresas independentes. Obviamente, a área de Real Estate teve um papel decisivo nesse processo. No plano global, havia sete unidades consideradas de alta visibilidade, dada a sua complexidade, diante do pouco tempo disponível para sua concretização. Daquelas sete unidades, duas estavam localizadas na minha região. Que sorte! Acredite ou não, foram as únicas propriedades que concluíram a separação dentro do prazo acordado! Graças ao Fausto, na Argentina, e à Juliana e ao Gilson, no Brasil.

Muitos outros projetos foram executados na cidade de Alajuela, na Costa Rica; em Blumenau, no Brasil; em San Juan, Porto Rico; e na Cidade do México, no México — todos eles com grande e positiva repercussão, dado o bom resultado e a forma como levávamos o nosso departamento. Nós nos tornamos uma referência, além de Real Estate: éramos consultados para assuntos que transcendiam as nossas atribuições. Tudo isso graças a cada membro de um time fantástico.

Certo dia, ao conversar com o diretor de TI, ele me parabenizou pelo trabalho que minha equipe vinha fazendo. Confessou que, entre seus liderados, havia uma espécie de piada que, antes da minha chegada à empresa, dizia: "Graças a Deus existe Real Estate nesta empresa, assim TI não é o pior serviço prestado". Depois que eu havia chegado e organizado o departamento, a piada mudou para: "Graças a Deus existe RH nesta empresa, pois Real Estate melhorou muito e assim TI não é o pior serviço prestado".

Ao final de três anos, já não tínhamos o custo mais alto dentre as operações de suporte. Pelo contrário, éramos um dos mais baixos custos dentre as seis operações consideradas. Havia meses em que éramos campeões e meses em que éramos vice-campeões... E com muito orgulho.

Além da Maria Elena, do Humberto, do Fausto, da Juliana e do Gilson — citados em pequenas histórias, com grandes resultados —, ainda faziam parte daquele time: Alessandro, Nadielly, Alan, Marcos, Rosemary, Solange e Graciela. Cada um de um país diferente, mas que formavam uma equipe muito coesa e unida. Todos eles desempenharam um papel fundamental em cada uma das propriedades sob suas responsabilidades. Todos eles foram bastante generosos comigo, por aceitarem minhas orientações, por melhorá-las e implementá-las.

Depois de três anos de uma história de muito sofrimento em seu início, mas de muito sucesso em seu final, chegava a hora de mudar de ares. Finalmente, havia chegado o grande momento, tão esperado havia dezenove anos. O meu objetivo de uma vida seria alcançado!

O OBJETIVO ALCANÇADO

> “Os serviços melhoraram bastante no meu primeiro ano, mas não o suficiente para chegar no nível que eu exigia. Era preciso mudar!”

E, mais uma vez, a história se repete: quando eu menos esperava, recebi uma ligação que, mais uma vez, mudou a minha vida. Com a diferença que, desta vez, a chamada não foi totalmente ao acaso; era algo que já vinha sendo conversado e alinhado havia alguns meses. No mês de outubro de 2016, durante uma viagem à sede regional da empresa em que trabalhava, na cidade de Boston, nos Estados Unidos, minha diretora já havia posto sobre a mesa a possibilidade de precisar de mim na equipe que atendia à América do Norte. Entendia que aquele ainda não era o momento; ainda havia alguns desafios de curto prazo que deveriam ser cumpridos na América Latina. Havia também alguns compromissos de ordem pessoal, recém-assumidos, no Panamá, e que demandariam um certo tempo de acomodação, antes de seguir rumo ao novo desafio.

Apesar de bastante lisonjeado, por ter sido considerado para uma posição de diretoria na América do Norte, e apesar de sentir a tentação de, finalmente, atingir o meu objetivo profissional de longo prazo, engoli a seco e declinei da possibilidade. Repare bem, caro leitor, que não se tratava de uma proposta para uma nova posição, e sim de uma possibilidade. Mil possibilidades não fazem uma realidade. Daí a minha negativa, naquele momento.

Mas, no dia 8 de maio do ano seguinte (2017, portanto), não houve outro jeito. Novamente, recebi a ligação telefônica que mudaria a minha vida: era a minha diretora, que, desta vez, me apresentava não mais uma possibilidade, mas uma proposta real. A conversa foi mais ou menos assim: "Rubens, em outubro do ano passado, conversamos e você me havia dito que, por motivos pessoais, ainda não era seu momento de sair do Panamá. Mas, agora, eu preciso de você na Costa Oeste norte-americana. Preciso de alguém com o seu perfil de gerenciamento do cliente interno e nível de organização. Sei do seu desejo de vir trabalhar nos Estados Unidos. *It's now or never*!".

E, em 1º de agosto de 2017, três meses depois, eu desembarcava em solo norte-americano como diretor de projetos e construção para toda a Costa Oeste dos Estados Unidos e do Canadá. Todas as unidades da empresa de San Diego, nos Estados Unidos, até Vancouver, no Canadá, e de Colorados Springs, no estado do Colorado, até o Havaí, estariam sob minha responsabilidade. Minha principal incumbência era a de liderar a implementação do novo Plano Diretor da unidade de Bothell, no estado de Washington, lá na ponta esquerda do mapa dos Estados Unidos. Apesar de o título do meu cargo ser claramente voltado a projetos, na prática, eu teria o mesmo nível de responsabilidade que tinha na América Latina, ou seja, seria responsável não só pela gestão de projetos, mas também pela gestão de *facilities* (infraestrutura) das mais de 25 unidades de escritórios, fábricas e armazéns. Era mais do que o objetivo de longo prazo cumprido. Era um sonho realizado!

A minha nova região de cobertura era geograficamente bem menor que a América Latina, porém muito maior em importância e em complexidade, para a corporação. Para se ter uma ideia, a principal unidade na empresa na Costa Oeste norte-americana abrigava, na cidade de Bothell, a mesma quantidade de colaboradores que a região da América Latina inteira. E olha que eu não estou sequer mencionando a diferença cultural abismal entre as duas regiões.

O cenário que encontrei não foi muito diferente do descrito no capítulo anterior, quando, ainda no Panamá, iniciei meus trabalhos nessa empresa. A qualidade dos serviços (limpeza geral, manutenção, alimentação, jardinagem, segurança etc.) era muito ruim. Havia muita reclamação por parte da maioria dos colaboradores, e aqueles que não reclamavam simplesmente estavam acostumados a tanta falta de organização, limpeza e cuidado com os serviços de infraestrutura.

Mais ao Sul, na Califórnia, tanto em San Francisco como em San Diego, os mesmos problemas de baixa qualidade eram replicados, em menor proporção. E, quando se falava em mudança, pronto! Estava armado um circo ainda maior...

Assim como na América Latina, havia uma empresa terceirizada responsável por esses serviços; mas, aqui, ao contrário de lá, não havia a possibilidade de rescisão contratual. Restava-me somente a alternativa de fazer tudo funcionar melhor com o que eu tinha disponível.

A boa notícia é que melhorar algo ruim normalmente traz resultados rapidamente — ou, pelo menos, são percebidos mais rapidamente. A má notícia é que aquele contrato estava vigente havia anos, aquela equipe trabalhava daquele jeito havia anos e mudança não era uma palavra muito utilizada por ali.

Aliás, norte-americano, em geral, é avesso a mudanças. Percebi isso durante o desenvolvimento do projeto conceitual do Plano Diretor daquela unidade da cidade de Bothell. Ao entrevistar, juntamente com arquitetos especializados em mudanças de layout de escritórios, os líderes de negócio, gerentes de Recursos Humanos e outros líderes, fui surpreendido por uma gigantesca resistência ao plano para o escritório, que seria mais aberto, mais colaborativo, mais contemporâneo, mais ágil, mais alinhado com as tendências mundiais nesse setor. Ouvia dos entrevistados que aquela ideia não funcionaria naquela localidade e que os colaboradores trabalhavam há anos daquela forma e não havia motivos para mudar... Imagino que também passava, por suas cabeças, a estranheza de verem um "rapaz vindo de um país exótico da América do Sul" querendo mudar tudo por ali.

O projeto do Plano Diretor não saiu do papel (ou, pelo menos, não até o momento), por questões internas e estratégicas da empresa. A esperança é que, dentro de mais alguns anos, sejam criadas as condições para sua implementação.

O meu primeiro ano nesta função não foi nada fácil. Mas quem disse que o seria? Soube, meses após a minha chegada àquela posição na empresa, que eu era o quarto profissional que passava por aquela região. O último durara não mais do que três meses e saiu por problemas cardíacos, causados pelo estresse da função.

Aos poucos, fui me adaptando à nova forma de trabalho, e penso que todos também se adaptaram ao meu estilo de trabalho. Pouco a pouco, fui organizando o setor e tentando melhorar a qualidade dos serviços prestados. Fui conquistando o respeito de muitos, mas não de todos.

Os serviços de *facilities* melhoraram bastante, no meu primeiro ano, mas não o suficiente para chegar ao nível que eu exigia. Era preciso mudar!

A oportunidade chegou com o fim do contrato daquela empresa terceirizada e a contratação de outra, em seu lugar. Assim, em 1° de abril de 2019, houve a mudança da empresa de prestação de serviços e, com ela, houve uma clara melhora dos serviços prestados. O que era reclamação tornou-se elogio, o que era desconfiança virou respeito.

Mas nem tudo eram flores nessa transição: a nossa unidade fabril, na cidade praiana de Carlsbad, no

Sul da Califórnia, sofreu um ano inteiro, por falta de um profissional de perfil forte para gerenciar os serviços locais de forma correta, organizada e resiliente. Finalmente, no início de 2020, encontramos o profissional com o perfil que buscávamos e, então, era possível dizer que a qualidade do serviço prestado pela nova empresa terceirizada aos nossos clientes internos alcançou um nível de excelência.

Com isso, cheguei ao final do meu terceiro ano, trabalhando em função de diretoria para uma empresa multinacional nos Estados Unidos. Inicialmente, havia pensado em permanecer por dois anos nesta função e, então, retornar ao Brasil; porém, percebi que ainda tenho muita energia e uma estrada longa para percorrer.

O próximo objetivo? Desculpe-me, caro leitor, mas essa eu vou ficar devendo... Claro que tenho minhas ambições, mas não cheguei a planejar os meus próximos vinte anos de carreira profissional. Enquanto isso, vou seguir trabalhando com a mesma vontade de um recém-formado cheio de ideais de futuro, sempre disposto a aprender algo novo a cada dia.

Até que, um dia, aconteça de receber uma ligação que pode mudar novamente a minha vida. Para ser sincero, ela já aconteceu...

AS EXPERIÊNCIAS

A DOCE ARROGÂNCIA

> “O profissional bem-preparado é capaz de versar a respeito de sua área de especialidade sem arrogância, sem prepotência.”

A arrogância, talvez, seja um dos mais odiosos desvios de caráter que um ser humano pode apresentar. Ao se julgar superior aos demais e deixar de lado a humildade, o indivíduo perde total (ou parcialmente) aquilo que o torna tão especial neste mundo: a capacidade de aprender.

Na vida, ser prepotente pode trazer consequências desastrosas para o convívio em sociedade, tornando o indivíduo uma verdadeira ilha solitária, no meio de um oceano de oportunidades. O arrogante é cego ao aprendizado, simplesmente por pensar que sua experiência é sempre melhor que a dos demais.

No mundo profissional não é diferente. Ninguém gosta do profissional que pensa ser “o dono da verdade”, que não dá ouvidos e nem voz a ninguém e que tem a resposta correta para tudo. Esse profissional está fadado ao fracasso. Raros são os casos de profissionais que prosperam assim.

No mundo corporativo atual, altamente globalizado, em que o acesso à informação é quase instantâneo, ao alcance das mãos, é muito comum encontrar os "especialistas de plantão". Aqueles que de tudo sabem, de tudo entendem e que a respeito de tudo gostam de dar palpites. São, em geral, facilmente identificados pelo jargão da moda "na verdade", no início de cada frase proferida.

Enquanto escrevo este capítulo, o mundo é assolado por uma pandemia que dizima milhões de pessoas. O mundo inteiro, praticamente, foi posto em quarentena dentro de suas casas, comércios foram em sua maioria fechados, hospitais lotados, pessoas saudáveis morrendo por conta da nova doença, a covid-19. Uma verdadeira tragédia de proporções globais.

Como diretor de Real Estate para a Costa Oeste dos Estados Unidos da América, em uma empresa multinacional holandesa, gigante mundial da área de Tecnologia em Saúde e Bem-Estar, uma das minhas muitas atribuições é gerir todos os serviços de limpeza e manutenção de mais de trinta escritórios e fábricas. Imagine, você, leitor, como é gerenciar um serviço de limpeza bem no meio de uma pandemia sanitária.

Importante mencionar que as principais formas de prevenção à doença em voga são a atenção à higiene pessoal e o distanciamento social, ou seja, dependia da simples conscientização e do adequado comportamento de cada indivíduo.

Pois bem, para que a empresa pudesse enfrentar a pandemia de forma adequada, foi estabelecido um comitê de crise para que houvesse sempre uma ágil e rápida resposta a qualquer novo episódio ou decisão corporativa global.

Pela natureza de meu trabalho e responsabilidade (mas não só por isso), eu tinha participação obrigatória nesse comitê, que se reunia duas vezes por semana. Havia uma rápida atualização das atividades e o oferecimento de apoio às demais áreas produtivas da fábrica em Bothell, no estado de Washington, lá no canto superior esquerdo do mapa dos Estados Unidos.

Em uma dessas reuniões, eu trouxe à discussão minha preocupação com o comportamento de um grupo de funcionários da fábrica durante o horário do café da manhã. Eles costumavam sentar-se em grupos de seis pessoas nas mesas do refeitório. Apesar de todo o grande volume de informação e comunicação, durante a época da pandemia, esses colaboradores — de forma intencional ou inadvertidamente — não respeitavam o distanciamento social. Corriam o risco de contaminação e disseminação mútua dessa doença nefasta que poderia levar à morte em poucos dias.

A reação de alguns outros diretores foi imediata: "Rubens, isso é simples de resolver: bastar retirar as cadeiras do refeitório, de forma que cada mesa passe a ter apenas metade de sua capacidade". Outros disseram: "Além disso, Rubens, você tem que colocar um aviso para lembrar a todos da necessidade de praticar o distanciamento social". E, pronto, estava resolvido o problema — pelo menos, na cabeça de alguns daqueles que de tudo sabiam, de tudo entendiam e a respeito de tudo palpitavam...

Mas o profissional bem-preparado é capaz de versar a respeito de sua área de especialidade sem arrogância, sem prepotência. Não se pode ter medo de mostrar seu conhecimento técnico sempre que necessário.

Para mim, esse problema não era técnico, mas comportamental. Não bastava limitar a capacidade de cada mesa; o colaborador poderia facilmente puxar a cadeira da mesa ao lado e continuar aglomerando, socializando com os demais colegas, em claro desrespeito à regra de distanciamento social...

Esse debate seguiu por mais duas reuniões, sempre em alto nível, mas com posições antagônicas. De um lado, os que defendiam ações de impor limitações físicas ao espaço e, do outro lado, este lobo solitário tentando fazer os demais entenderem o quão ineficazes eram essas ações, sem a devida conscientização e mudança de comportamento das pessoas. Até que ouvi: "Rubens, não entendo qual é a dificuldade de se fazer o que estamos pedindo". Ao que, prontamente, respondi: "Dificuldade nenhuma. Apenas penso na ineficácia dessa ação. Mas, tudo bem, vou fazer o que vocês me pedem e veremos o resultado".

Imediatamente pedi à minha equipe que retirasse metade das cadeiras do refeitório, de forma que deixassem apenas três cadeiras em cada uma das mais de quarenta mesas. Providenciamos também um aviso, sobre cada uma das mesas, lembrando a todos sobre a necessidade de se manter o distanciamento social em tempos de pandemia.

No dia seguinte, chegou o relato de um dos funcionários do refeitório, também sob minha responsabilidade, dando conta de que, de fato, os colaboradores passaram a sentar-se em grupos de três a cada mesa, porém, passaram a sentar-se ombro a ombro, juntos, lado a lado — e, portanto, ainda em desrespeito à regra de distanciamento social.

Na reunião do comitê de crise do dia seguinte, relatei o ocorrido. Havia em minha fala um certo tom de arrogância. Não aquela arrogância destrutiva, descrita no início deste capítulo, mas a arrogância daqueles que são conhecedores do tema por viverem o tema, por terem experiência no assunto, não por terem ouvido falar ou por acharem que é assim que as coisas funcionam...

O tema continuou sendo discutido nas reuniões seguintes, mas não como sendo de responsabilidade da minha área, mas da área de recursos humanos da empresa.

Alguns dias depois, recebi um e-mail de uma das diretoras de recursos humanos, em agradecimento pela forma segura, calma e graciosa como eu vinha liderando as discussões a respeito da pandemia dentro da empresa. Aquilo, para mim, foi um sinal de que a mensagem havia sido bem comunicada e bem assimilada!

Quando se vive em um ambiente corporativo hostil, em que a maioria pensa ser a dona da verdade, lançar mão de um certo ar de arrogância, às vezes, faz-se necessário. Mas é preciso cuidado e ter a certeza de que se domina o tema. Nunca se deve perder a calma, a tranquilidade. Isso é o que eu chamo de "doce arrogância": mostrar o que se sabe, sem perder a doçura e simpatia.

Essa, certamente, não foi a última vez que usei desse artifício. Quando trabalhava para essa mesma empresa multinacional, ainda na minha querida Cidade do Panamá, era bastante comum deparar-me com outros diretores que de tudo sabiam, de tudo entendiam e a respeito de tudo palpitavam.

Em outro momento, anos antes, fiz valer as regras impostas pela empresa (que estavam claramente sendo negligenciadas por meus interlocutores). Observava que, na sede brasileira da empresa, na cidade de São Paulo, havia um movimento desenfreado de instalação de quadros brancos nas paredes do escritório, por parte dos departamentos locais. Esses quadros brancos serviriam para que se pudesse fazer a gestão à vista das operações, obedecendo à metodologia Lean. Se você, caro leitor, não conhece essa metodologia, recomendo-lhe buscar informar-se a respeito, porque vale muito a pena!

Pois bem, os colaboradores daquele escritório faziam a compra e a instalação dos quadros sem qualquer consulta à nossa área. Eram quadros pesados, muitas vezes com fundo metálico e marcadores magnéticos coloridos, que ocupavam, normalmente, uma parede inteira, do piso ao teto. Da noite para o dia estavam lá os instaladores, para fazer furos nas paredes e tudo mais. Assim, sem a menor cerimônia, sem qualquer estudo para saber se havia encanamento por trás daquela parede ou, ainda, se aquela parede podia sustentar aquele colosso. Um verdadeiro absurdo.

Certo dia, eu, simplesmente, proibi a instalação de um dos quadros que estava a ponto de ser colocado. Isso mesmo: eu, que estava lá no escritório regional na Cidade do Panamá, dei a ordem à minha equipe no escritório de São Paulo para que proibisse a instalação daquele quadro. Se houvesse reclamação, eu deveria ser chamado — e, com muito prazer, explicaria o motivo da minha decisão.

Não tardou para que fosse acionado por um dos gerentes, que, como um leão raivoso de fome, queria saber o porquê daquele absurdo; afinal era ele quem estava pagando por aquele quadro e sua instalação. Em tempo: obviamente, não era exatamente aquele gerente que estava pagando pelo quadro, mas seu departamento...

Com toda a calma que me era peculiar, deixei que ele expusesse todos os seus argumentos e, assim que ele terminou de desabafar toda a sua frustração, por não ter seu quadro instalado, eu lhe disse que entendia a importância daquele quadro para a sua operação, mas que eram necessárias algumas verificações antes de seguirmos em frente. Verificações de ordem técnica, como a estrutura da parede, para suportar o peso daquele quadro; a presença de encanamento por trás daquela parede; o tipo de acabamento para o livre acesso aos interruptores de luz etc.

O gerente escutou atentamente a minha explicação e reconheceu que nenhuma daquelas importantes verificações havia sido feita. Pedi-lhe, então, que minha equipe lhe ajudasse a realizar a instalação, observando todos aqueles detalhes negligenciados por ele. E finalizei pedindo-lhe que, da próxima vez, entrasse em contato com nossa equipe local.

Alguns dias depois, aquele assunto havia chegado ao nosso escritório do Panamá e, em uma reunião de líderes, fui interpelado pelos demais colegas, que queriam entender o porquê da minha atitude de dificultar a instalação de um simples quadro. Sem pestanejar — e para enterrar aquele assunto — perguntei a todos: "Alguém aqui, nesta sala, consegue alterar o salário de algum colaborador sem consultar o departamento de recursos humanos?". Todos responderam em uníssono: "Não!". Segui com a segunda pergunta: "Alguém aqui consegue assinar um contrato, qualquer que seja, sem consultar o departamento jurídico?". Ouvi outro inequívoco e uníssono: "Claro que não!". Finalizei, então, com o golpe de misericórdia: "Por que é, então, que vocês insistem em colocar pregos nas paredes sem falar com o departamento de infraestrutura?". A partir desse dia, criou-se o procedimento para que, sobre todo e qualquer tema relacionado à infraestrutura, meu departamento deveria ser consultado.

Uma pena que precisei fazer uso da minha "doce arrogância" para convencê-los a respeitar processos determinados pela empresa.

Aos poucos, ela também foi ensinada para os membros da minha equipe, que passavam a ser vistos como referência dentro do escritório. Isso acontecia porque a doce arrogância, quando aplicada corretamente, desperta no outro uma sensação de segurança, por saber que está conversando com alguém que sabe do que está falando por ter vivenciado o problema!

NÃO BASTA SER HONESTO...

> “Apenas sermos íntegros
> não é suficiente!”

Nestes dias em que temas a respeito de corrupção tomam conta dos noticiários, incessantemente, ter a moral ilibada parece ter se tornado um diferencial. Tristemente, não é incomum vermos pessoas se apresentando como íntegras, buscando, com isso, diferenciar-se de todos os outros.

Integridade não é e nunca deveria ser diferencial. Integridade é pré-requisito! Mas o objetivo deste capítulo não é o de discorrer a respeito de moral, ética ou integridade, até porque esses seriam temas para uma tese de pós-doutorado.

Quando trabalhamos em empresas multinacionais, ou mesmo em qualquer outra empresa, temos que estar atentos e respeitar todos os processos internos que ditam seu modus operandi. Muitas vezes, por força das atribuições que o cargo nos confere, tratamos com contratos e responsabilidades que podem custar muito dinheiro — e a reputação da empresa.

Nesse momento, a nossa integridade tem que falar mais alto! Mas apenas sermos íntegros não é suficiente! Não basta...

Explico: em 2012, gerenciando um projeto de construção para uma importante multinacional da área de petróleo e gás, na Colômbia, tive o imenso prazer de trabalhar com um profissional que me trouxe um simples ensinamento. Seu nome era Gustavo Adolfo Muñoz Ramirez, colombiano de Bogotá. Por termos o mesmo sobrenome (sendo o dele, talvez, mais legítimo que o meu, que leva NH em vez de Ñ), nos tratávamos por "primo". Era "primo" para cá, "primo" para lá, e assim formamos uma grande dupla naquele projeto.

Com todos os desenhos de projeto executivo, concluídos, era chegada a hora de lançar o edital de concorrência ao mercado, para a sua construção, que custaria algumas dezenas de milhões de dólares para a empresa. Então, Gustavo e eu formamos um comitê com mais dois profissionais da empresa (um da área de compras e outro do grupo de negócios que utilizaria a estrutura que estávamos por construir).

Decidimos que todas as nossas ações, durante o processo de concorrência, seriam compartilhadas entre os quatro, e com a diretoria geral do país: possíveis dúvidas e questionamentos das empresas concorrentes, distribuição das respostas, entrevistas de avaliação da capacidade técnica, abertura dos envelopes de propostas, equalização das propostas, decisão da empresa vencedora e, por fim, assinatura do contrato de construção.

Todo esse extremo cuidado para garantir a máxima transparência e integridade de todo o processo de concorrência. Isso só seria possível se os membros do time fossem, de igual maneira, inequivocamente íntegros.

Em umas de minhas conversas com "meu primo Gustavo", ele disse, em alto e bom castelhano bogotano: "Rubens, *no hay que ser honesto, sino parecerlo también*". Ou seja, em bom português: "não basta ser honesto, tem que parecer honesto também". Ele parafraseava o pensamento de Julio César, ditador romano de 63 a.C., que falava da importância de sua mulher estar acima de qualquer suspeita!

Mais tarde, refletindo sobre o tema, dei-me conta de sua profundidade: no mundo corporativo, em que há uma concorrência desleal pelo sucesso individual e no qual ser íntegro é um diferencial (infelizmente), é preciso não deixar margem para que outros te acusem injustamente, atuando de forma clara, firme e, se possível, com testemunhas.

Passei a não apenas viver esse preceito, mas também a disseminá-lo.

Anos mais tarde, ouvi o testemunho sobre como essa frase se tornou comumente proferida, sempre que necessário, na filial de Blumenau, que atualmente tem mais de oitocentos colaboradores nossos. E tudo começou com um membro da minha equipe passando adiante o que eu havia aprendido com "meu primo colombiano".

Infelizmente, meu "primo" não está mais entre nós. Mas a semente deixada em sua passagem por esta vida já rendeu muitos frutos!

Muchas gracias, primo!

DILEMA

> "Nossos valores são inegociáveis!"

Ao longo de nossa vida profissional (e, em especial, dentro de grandes corporações), somos colocados à prova o tempo todo, desafiados a mostrar nossa capacidade técnica, nossas habilidades de relacionamento com outras pessoas, nossos valores. Estes últimos são testados, normalmente, em momentos de grande tensão, podendo resultar na ruína ou na reafirmação da solidez de caráter do profissional.

É necessário estar sempre preparado para situações desconfortáveis e dilemas que aparecem quando menos esperamos. A melhor forma de estarmos preparados é termos nossos valores solidamente cristalizados. Nossos valores são inegociáveis!

Antes de prosseguir com a narração de mais um desses desconfortáveis momentos vividos durante minha carreira profissional, e para seu melhor entendimento, é importante lembrar que, ao assinar um contrato de trabalho com uma empresa multinacional (ou, mesmo, qualquer empresa), existe sempre uma cláusula de confidencialidade que deve ser respeitada enquanto a relação de trabalho estiver vigente. Não se deve sair propalando, aos "quatro ventos", detalhes de projetos ou valores de contratos de venda.

Ainda assim, dentro do período em que você, caro leitor, estiver trabalhando, é possível que lhe sejam apresentados termos de confidencialidade específicos para determinados projetos. Essa prática é comum, quando o projeto é de tal ordem que possa causar alguma perda significativa, para a empresa, ou para o mercado, caso sejam vazadas informações a seu respeito. Em tempos de redes sociais, é preciso estar muito atento.

Minha transferência para a terra do "Tio Sam", em 2017, previa que eu liderasse a implantação do Plano Diretor do campus na cidade de Bothell; um projeto ambicioso, de renovação da infraestrutura, que impactaria milhares de funcionários e cuja implementação já tinha sido tentada antes. Fui o quarto profissional a ser contratado para aquela que seria a sétima tentativa. Sempre havia uma outra prioridade estratégica que se sobrepunha à necessidade de se modernizar o campus com mais de dois mil colaboradores. Para mim, aquele projeto era o Plano Diretor de Bothell — a lenda. Todos os anos, eu fazia a solicitação de fundos para a sua execução. E, a cada início de ano, ela era negada.

Finalmente, no final de 2020, na oitava tentativa de executar o projeto, entrou em campo um elemento novo: foi-me solicitada a assinatura de um termo de confidencialidade especial. Assinei-o e, a partir daquele momento, não poderia compartilhar qualquer tipo de informação a respeito daquele projeto com quem não tivesse assinado o mesmo termo. Respeitar à risca essa determinação é uma questão de integridade; e integridade, meu caro, é um valor inegociável.

Como todo e qualquer projeto, seu início é dedicado ao planejamento. São atividades de formação de equipes, coleta de informações e documentação, definição de escopo, cronograma, estimativas de custos, riscos de projeto etc. Essas informações, portanto, eram compartilhadas apenas àqueles que haviam assinado, como eu, o termo de confidencialidade.

Naquele campus, havia um Conselho de Administração, formado pelos líderes-gestores de três linhas de produtos de saúde e bem-estar produzidos ali. Faziam parte também, além de mim (como diretor de infraestrutura), as diretorias de recursos humanos e outros membros de apoio (como a diretoria de informática, de saúde e de segurança do trabalho). Por fim, também o CEO regional, principal executivo da empresa, responsável por todo o mercado norte-americano e em conexão direta com a direção global, que, eventualmente, participava das reuniões mensais.

Na reunião de novembro, época em que normalmente planejávamos os orçamentos para os projetos do ano seguinte, para minha surpresa, estava presente o CEO regional. Ele, há muito, não participava. Ficou lá por trinta minutos e tudo ia bem até que, faltando apenas cinco minutos para sua retirada, ele pede a palavra para fazer uma pergunta direta a mim: "Rubens, como está o Projeto de Renovação do Campus? Acha que teremos os fundos aprovados para 2021?".

Claramente ele não somente não havia assinado o termo de confidencialidade, como tampouco havia sido informado de que o projeto havia sido iniciado, com atividades de planejamento. Era uma verdadeira aberração corporativa, que acabava de me colocar em uma situação muito complexa: a de ter que mentir ao principal executivo regional da empresa — que, em última instância, era meu chefe!

O dilema se apresentou em sua forma mais cruel: feria dois valores inegociáveis e os contrapunha diante de todos que, como eu, sabiam o que estava acontecendo. Eu tinha dois possíveis caminhos a seguir: mentir ao CEO ou falar a verdade e desrespeitar o acordo de confidencialidade do projeto assinado havia poucas semanas.

Naquela fração de segundos que precederam minha resposta, diante de todos, tive que parar, analisar, tomar a decisão de ferir um de meus valores e, com segurança, responder. Não haveria vitória. Qualquer que fosse a minha decisão, um dos meus valores seria desrespeitado.

Minha escolha foi a de mentir ao CEO, pois entendi que os danos à corporação, naquele momento, seriam muito menores do que abrir a informação sobre um projeto confidencial a pessoas fora do círculo de confidencialidade. Eu assinara um contrato com a corporação e o contrato deveria ser respeitado. Sempre haveria a possibilidade, em momento oportuno, de conversar com o CEO, desculpar-me e explicar-lhe o dilema daquele momento.

Assim o fiz. Repeti-lhe a informação de sempre, sobre ter solicitado uma vez mais os fundos para o ano seguinte, mas que a expectativa era a de não aprovação, por conta da pandemia de coronavírus que vivíamos à época.

Ao finalizar minha explicação, um dos líderes de negócio disse ao CEO que, em outra oportunidade, o colocaria a par da situação desse projeto. Mas por que essa pessoa não interveio antes? Ela teria evitado o meu constrangimento! Não tenho ideia de qual teria sido o seu interesse.

Em uma análise um pouco mais cuidadosa da situação, percebi sua real gravidade: quem sabia do projeto e me admirava como profissional entendeu que eu não tinha escolha e que mentir realmente foi a melhor decisão. Quem não nutria muita simpatia profissional por mim, certamente passou a me ver como um profissional inescrupuloso, capaz de mentir até para o CEO da companhia. Muito triste!

ANJOS

> “‘Anjos’ que aparecem em nossas vidas sem muita explicação, ajudam-nos de forma gratuita, sem pedir absolutamente nada em troca, e se vão...”

Existem coisas que acontecem nesta vida, que são de difícil explicação. Tratando-se do mundo corporativo, em que existe pouco (ou nenhum) espaço para o improviso, o acaso salta-nos aos olhos. Aliás, há quem diga que não existe acaso. Eu prefiro deixar essa discussão e conclusão para você, leitor.

Fato é que, por vezes, cruzamos com pessoas que parecem ser iluminadas, sempre dispostas a ajudar, a estender-nos suas mãos, a dirigir uma palavra ou um simples gesto que pode mudar o rumo de nossas carreiras. Eu costumo chamá-las de “anjos”, pois aparecem sem muita explicação, ajudam-nos de forma gratuita, sem pedir absolutamente nada em troca, e se vão... Ou ficam para sempre, transformando-se em grandes amigos.

A seguir, a história de alguns anjos que cruzaram o meu caminho, que deixaram suas marcas e aos quais sou muito grato.

SERENIDADE

> “Nunca, jamais, perca a serenidade.”

Em meu primeiro emprego como engenheiro de projetos em uma importante empresa multinacional do setor de telecomunicações, eu era responsável pela implantação de redes de rádio-enlace micro-ondas para a telefonia celular digital que, na primeira metade dos anos 2000, ainda engatinhava no Brasil.

Desnecessário dizer que, além de fascinante, tratava-se de um desafio e tanto para um jovem recém-graduado: prazos de entrega apertadíssimos, participações em reuniões de acompanhamento de implantação em *war rooms*, com dezenas de profissionais muito mais experientes, interação com profissionais dos mais variados gabaritos e muito, muito estresse, rotineiramente. Não raro as coisas não aconteciam como o planejado. Material que era enviado de forma equivocada ao local de instalação, transporte que ficava parado, por horas, no já complicado trânsito da cidade de São Paulo e equipe de instalação que não cumpria o cronograma eram apenas algumas das coisas que podiam dar (e davam) errado, para desespero deste que escreve.

Nesses momentos, a minha inexperiência falava mais alto e, em vez de buscar uma solução, equivocadamente eu buscava pelo culpado. O estresse e a impaciência com desculpas sem sentido resultavam em discussões mais acaloradas. Lembro-me como se fosse hoje de um telefonema no meio da madrugada, com um dos instaladores, que resultou em uma inesquecível conversa com meu gerente à época.

Esse meu gerente era uma pessoa bastante calma e, no dia seguinte, buscou a minha versão para o que havia acontecido. Assim que terminei de explicar-lhe o ocorrido, e confessar que, após uma profunda reflexão sobre o episódio, havia chegado à conclusão de que havia exagerado na reação ao problema apresentado, ouvi um dos grandes ensinamentos que levo para a minha vida. Ele me disse: "Rubens, aconteça o que acontecer, mesmo que firam a sua honra, NUNCA, JAMAIS, PERCA A SERENIDADE".

Levei tão a sério esse conselho que minha calma acabou virando quase uma marca registrada. Em uma das empresas em que trabalhei (a melhor delas, diga-se de passagem), fui carinhosamente reconhecido pela minha fleuma no trato com as pessoas, com fornecedores, com clientes, nos momentos de calmaria ou de tempestade.

Alguns anos mais tarde, já na querida Cidade do Panamá, um dos mais difíceis e exigentes clientes internos que tive, ao se despedir rumo a novos desafios, pediu-me: "Rubens, sua maior virtude é a sua calma. Nunca a perca!".

PERFIL DA EMPRESA EM QUE TRABALHO

> “Ela tinha tudo para ter se identificado a mim de forma diferente, mas preferiu a discrição e a humildade.”

Em julho de 2009, minha carreira na área de Real Estate já completava um ano. Eu havia sido transferido para um contrato novo, com uma gigante mundial desenvolvedora de software, e era responsável pela gestão de infraestrutura (manutenção, limpeza, serviços de escritório etc.) de todos os sete escritórios dessa gigante no Brasil.

A gestão de infraestrutura é complicada por natureza, pois se trata de não deixar faltarem serviços que sequer são notados quando executados corretamente, com qualidade. Mas, ao contrário, se falhamos, todos percebem e reclamam. Não existe elogio pelo bom trabalho, mas reclamações pelas falhas. É preciso muita paciência!

Pois bem, tratava-se de um contrato bastante complicado, com altíssimo nível de exigência e em um ambiente perigosamente político. Dentro de nove meses, meu trabalho já não agradava ao meu cliente direto e as divergências se tornavam claras. Minha tranquilidade dava lugar a um princípio de depressão. Ao sair de férias, fui substituído por vinte dias e, ao retornar, meu destino já estava selado: seria transferido desse contrato para uma função de substituição de férias. Eu, claramente, havia sido rebaixado!

Dei início a um processo responsável de transição, para a minha substituta. Em paralelo, um projeto de reforma de um dos andares de escritórios de nosso cliente era iniciado com a presença da gerente de projetos da maior empresa de arquitetura de interiores do Brasil.

Na reunião de *kick off* (pontapé inicial), praxe na gestão de projetos, apresentei minha substituta à gerente do projeto e sua equipe. Sua reação me deixou surpreso: "O quê? Você está sendo substituído?".

Nesse momento de flagrante saia justa, na presença da minha substituta, e apesar de estar com meu orgulho bastante ferido, tratei de "pôr panos quentes". Sem qualquer convicção, disse: "Sim, estou. Mas, aqui está a minha substituta, que desempenhará as funções de forma melhor...". A reunião seguiu de forma fria e sem brilho.

Reunião finalizada, seguimos ao local da futura obra, para uma rápida vistoria. No caminho, a gerente de projetos me puxou pelo braço e, me afastando do grupo, perguntou: "Qual a sua formação?". Ao que respondi prontamente, expondo minha graduação, pós-graduações, proficiências em idiomas, certificações, experiências, enfim, um curriculum vitae falado àquelas alturas. Seu pedido seguinte foi: "Envia-me o seu currículo. Você tem o perfil da empresa em que eu trabalho".

Em três meses, eu iniciava um dos melhores períodos de toda a minha carreira profissional. Estava contratado como gerente de contratos para grandes empreendimentos industriais. E tudo a partir daquela reunião bastante difícil para o meu moral. Foi o início do salto profissional que dei; a porta de entrada para minha carreira internacional.

Mas o curioso desta história foi descobrir que a gerente de projetos que atuara como um verdadeiro anjo, que me estendeu a mão sem pedir absolutamente nada em troca, era simplesmente a esposa de um dos sócios-fundadores da empresa. Ela tinha tudo para ter se identificado de forma diferente, mas preferiu a discrição e a humildade.

O nome desse anjo? Stella é o nome dela!

LEITURA RÁPIDA DO AMBIENTE

> “O mundo corporativo é, por diversas vezes, cruel e não perdoa o deslize ou a hesitação.”

Fazer a leitura do ambiente o mais rápido possível, assim que você assume uma posição em uma nova empresa, talvez tenha sido a dica mais importante que eu recebi em toda a minha vida corporativa. Ela foi dada por um dos diretores da maior empresa de arquitetura de interiores do Brasil, da qual tive o orgulho de fazer parte por dois anos, de junho de 2010 a julho de 2012.

Eu havia recebido e aceitado o convite de um cliente para fazer parte da equipe na Cidade do Panamá e, quando nos despedimos, ele me abraçou, efusivamente, e aconselhou-me a “fazer a leitura rápida do ambiente e buscar uma posição no *core business* da empresa”.

Ao iniciar minha primeira experiência internacional, percebi que as coisas não eram tão simples quanto aquelas palavras faziam parecer, pois se tratava de uma empresa muito tradicional, com rígida hierarquia e, portanto, bastante difícil de conseguir uma posição dentro do seu *core business* sem muito conhecimento técnico a respeito de prospecção e extração de petróleo. O máximo a que meu conhecimento técnico alcançava era sobre a construção de suas bases operacionais.

Ainda que de difícil implementação, esse conselho me parecia muito útil e importante; era preciso colocá-lo em prática. Mas, como quebrar essa hierarquia, se os gerentes de cada departamento passavam, praticamente o dia inteiro, fechados em seus escritórios, ao telefone, fazendo reuniões com clientes ou preparando *forecasts* e apresentações para o CEO? Dar uma de intrometido, pedir licença e "puxar conversa" a respeito de minhas possibilidades? Forçar uma situação? Nunca! O verdadeiro profissional nunca faz isso.

Foi, então, que eu percebi que a força do conselho que havia recebido não residia na segunda parte daquela frase. Ou seja, "buscar uma posição no *core business* da empresa" demandaria reiniciar a carreira e começar, se não da estaca zero, quase que de lá. A força estava justamente em suas primeiras palavras: "fazer a leitura rápida do ambiente" para fugir das armadilhas, para entender quem são os profissionais ao seu redor, entender as pessoas por trás desses profissionais, entender o que a empresa espera de você, identificar onde estão as oportunidades e, por que não?, entender o momento certo de sair de cena e buscar uma nova oportunidade em outra empresa.

Por conta própria, passei a pôr em prática apenas a primeira parte do conselho e posso atestar que ele funciona! Mas é preciso ser rápido, pois o mundo corporativo é, por diversas vezes, cruel, tem muita pressa, não pode esperar e não perdoa o deslize ou a hesitação.

Durante o período de leitura do ambiente, é preciso mostrar à corporação o porquê da sua contratação. Você deve valer-se de seu conhecimento técnico e basear suas ações nele, marcando pontos importantes e acumulando-os para, no momento oportuno, poder correr alguns riscos. Tudo no momento certo, quando a leitura do ambiente já estiver feita e você já souber exatamente onde está pisando.

Saber exatamente onde se está pisando é uma ferramenta poderosa.

Estendendo um pouco mais este tema, acredito ser valioso apresentar a você leitor mais um exemplo vivido de quão importante é realizar a leitura rápida do ambiente.

Os diferentes níveis de cargos, nas empresas multinacionais, ajudam a organizar a hierarquia, a responsabilidade de acordo com as habilidades e competências de seus colaboradores e, por consequência, o nível salarial. São os chamados *corporate grades* (graus corporativos, em inglês) e, normalmente, vão crescendo de dez em dez até chegar ao 90. A partir desse ponto, temos as vice-presidências, com apenas dois níveis mais. As informações dos graus corporativos, cargos e nomes dos seus ocupantes, normalmente ficam disponíveis para consulta, em nome da transparência.

Entre o final de 2016 e o início de 2017, vivendo há cinco anos na Cidade do Panamá e trabalhando havia quase três anos para uma grande multinacional na área de saúde e bem-estar, comecei a observar que a organização local que dava suporte a toda a América Latina vinha reduzindo aos poucos, em claro movimento em busca de maior eficiência.

Eu era grau corporativo 80 e minha responsabilidade era regional — mais precisamente, meu cargo era o de diretor de Real Estate (infraestrutura) para a América Latina. Grau corporativo 80 era considerado um nível bastante alto e havia menos de quinze pessoas com o mesmo nível de responsabilidade que o meu, dentre mais ou menos 250 colaboradores.

Percebi, então, que, uma vez iniciado o movimento da empresa de tornar-se mais eficiente, os profissionais com grau 80 foram os primeiros a serem demitidos. Algum problema específico com profissionais ou cargos com esse grau? Certamente, não. A empresa havia percebido e passado por uma curva de aprendizado que permitia que graus mais baixos pudessem assumir responsabilidades maiores. Ou seja, nós de grau 80, havíamos ensinado aos profissionais de graus mais baixos, em nossos times, como realizávamos nossas tarefas e como tomávamos nossas decisões diárias. E eles aprenderam direitinho! Em outras palavras, passamos a ser vítimas do nosso próprio sucesso. Nada de errado com isso. Muito pelo contrário!

Mais do que depressa, iniciei tratativas com minha diretora, nos Estados Unidos, para uma possível transferência para a filial norte-americana (antes que fosse tarde demais). Até que, em agosto de 2017, fui realocado para a cidade Bothell, que fica na região metropolitana de Seattle, no estado de Washington.

Foi muito difícil sair da Cidade do Panamá, cidade querida que havia nos acolhido tão bem. Minha família já estava mais do que adaptada, os filhos, em idade adolescente, com seus inseparáveis amigos. Foi um verdadeiro drama. Mas não houve outro jeito. Era isso ou retornar ao Brasil com a "viola no saco" e sem emprego.

E o que acontece com aquele profissional que não faz a leitura rápida do ambiente? Aquele que "dorme no ponto" está fadado a fazer as coisas sem planejamento e acaba por negociar mal o seu futuro.

Nessa mesma época em que a empresa buscava sua eficiência, recebi a ligação de um colega cujo grau eu imaginava ser 80, dado o nível de responsabilidade similar ao meu, mas em outra área. Ele abriu o seu coração, mostrando sua indignação com o fato de termos o mesmo nível de responsabilidade (ou seja, nossa área de abrangência era América Latina), mas ele ser grau 70... Sem falar no salário! "Isso não está certo, Rubens!"

Meu conselho a ele foi o seguinte: "Olhe à sua volta... Os de grau 80 estão desaparecendo! Restam menos de dez... Se você gosta de viver aqui no Panamá, minha recomendação é que você peça o aumento no salário equivalente ao de grau 80, mas permaneça como grau 70!".

Não adiantou! Ele tanto fez que conseguiu a tão almejada promoção. Pouquíssimos meses depois, eu já estava em meus primeiros meses vivendo nos Estados Unidos e recebi nova ligação desse mesmo recém-promovido (com méritos, diga-se de passagem). Ele estava desesperado porque seu chefe estava pressionando para que ele saísse do Panamá e fosse aos Estado Unidos, de volta ao grau 70! Era isso, ou... Já sabe...

OPORTUNIDADE NÃO SE PERDE!

> “Talvez não estivesse escrevendo este livro...”

Perder uma oportunidade, ficar “chorando o leite derramado”, pensando em como poderia ter sido bom se... é sempre traumático. Por isso, é importante estar atento ao seu redor para não perder oportunidades. Mas atenção: oportunidade boa é aquela que te faz olhar e seguir adiante. Para trás, nunca! Isso aprendi em meu primeiro emprego.

Foi em 2001. Eu “já” tinha três anos de formado e trabalhava em uma multinacional de telecomunicações. Havia uma engenheira, conterrânea de Sorocaba, que realizava um excelente trabalho, tanto seu trabalho quanto sua personalidade vinham sendo muito positivamente comentados por todos. Parecia uma unanimidade. Eis que, certo dia, eu soube que ela havia pedido demissão. Aquela notícia me pareceu estranha e triste: como ela poderia desperdiçar a chance de se tornar uma diretora, dentro de pouco tempo?

Obviamente, àquela altura, minha pouca experiência me fazia míope para outros aspectos que permeiam uma carreira profissional bem construída — e daí a minha exasperação.

Certa tarde, passei por sua mesa e fui direto ao assunto, perguntando-lhe o porquê da decisão de sair da empresa em um momento tão positivo em sua carreira. Ela sorriu e disse-me que havia recebido uma proposta interessante em outra empresa e que havia decidido aceitá-la. E acrescentou o que veio a ser outro importante ensinamento para a minha carreira: não importa o quão positivo seja o momento em que você esteja vivendo dentro de uma empresa; uma boa oportunidade não se perde. Sua carreira dentro de uma empresa é cheia de altos e baixos e nunca se sabe o momento seguinte. Hoje pode estar em alta, mas amanhã é outro dia.

Quando a oportunidade bate à sua porta, é preciso não deixá-la ir embora. Às vezes, ela não bate à porta, ela simplesmente passa na sua frente e é preciso perspicácia para identificá-la e agarrá-la.

Sou formado em engenharia eletrônica pela FAAP, que entrou em minha vida de uma forma completamente inesperada — e, ousaria dizer, talvez divinal.

Eu tinha dezessete anos e cursava o então 3° ano do 2° grau (o equivalente ao atual 3° ano do Ensino Médio). Não é necessário mencionar que esse é um período decisivo na vida de qualquer estudante no mundo: escolher um curso e ou uma faculdade que determinará seu futuro profissional. Ansiedade, medo, muito estudo, determinação, dúvida eram algumas palavras que definiam bem o clima daquele ano de 1993, para mim.

Pois bem, àquela época, meu pai mantinha, já havia 29 anos, o Instituto de Educação Monsenhor

João Sandoval Pacheco, um colégio de ensino técnico na cidade de Boituva, no interior do estado de São Paulo (mais precisamente no km 120 da rodovia Presidente Castello Branco). Todos os anos, o colégio recebia inúmeras correspondências de faculdades da região para a possível captação de seus alunos egressos. E, naquele ano, pela primeira vez, havia chegado uma correspondência da FAAP.

Ao abri-la, meu pai imediatamente me telefonou, dizendo que a carta continha uma ficha de inscrição para o concurso vestibular. E mais: "Eles oferecem curso de engenharia eletrônica. Não é esse o que você quer, meu filho?". O resto da história não preciso nem falar, não é mesmo?

Mas o curioso dessa história toda — e que está intimamente ligado ao tema deste capítulo — é que aquele ano de 1993 não foi somente o primeiro ano em que o colégio do meu pai recebeu uma correspondência da FAAP, mas foi, também, o último! Isso mesmo: o colégio permaneceu aberto até o final da primeira década dos anos 2000 e nunca mais recebeu sequer uma correspondência daquela importante instituição de ensino paulistana.

Foi a oportunidade que bateu à minha porta, eu a deixei entrar e não a deixei escapar. Às vezes, pego-me pensando o que seria da minha vida se não tivesse aproveitado essa oportunidade. Talvez não estivesse escrevendo este livro...

Mas isso é um futurível!

A VIDA FORA DO PAÍS

> “Refiro-me a fazê-lo de forma ordenada, séria, planejada, com risco baixo e calculado.”

Viver fora do país sempre foi um dos meus principais objetivos profissionais desde que me graduei. Sabia que não seria fácil e nem aconteceria da noite para o dia, mas requereria muito empenho, dedicação, preparação e, sobretudo, paciência.

Há de ficar muito bem claro que trilhar uma carreira profissional internacional sólida é diametralmente oposto ao que muitos brasileiros e pessoas de outros países fazem. Muitos deixam tudo para trás para imigrar de forma ilegal, entregando seu destino à própria sorte, sem qualquer planejamento e com uma incalculável dose de risco. Não! Refiro-me a fazê-lo de forma ordenada, séria, planejada, com risco baixo e calculado.

O CONVITE

> “Teria se informado por mim e não pelos outros!”

Entre junho de 2010 e junho de 2012, na empresa de arquitetura de interiores, em São Paulo, era responsável por atender a duas gigantes multinacionais, uma de origem francesa, no setor de energia eólica, e outra, americana, na área de petróleo e gás.

Em cada uma delas, sacrificava o convívio com minha família em Sorocaba em prol de um sonho que, um dia, se concretizaria. Eu tinha absoluta certeza disso, pois, quando a empresa te merece, vale a pena investir nela!

Durante aqueles dois anos, alternava minhas semanas entre Camaçari, na Bahia, e Macaé, a "Capital do Petróleo", no estado do Rio de Janeiro.

As viagens a Macaé eram cansativas e perigosas: às terças-feiras, ia no primeiro voo de São Paulo ao Rio de Janeiro e, de lá, dirigia 185 km pela perigosa BR-101, não duplicada, até chegar a Macaé (normalmente, para almoçar). Não raro cruzava com acidentes fatais na rodovia, frutos da imprudência, imperícia e negligência de muitos motoristas. Uma tristeza! Às quintas-feiras, após o almoço, fazia o caminho inverso.

Era 24 de janeiro de 2012, havia chegado a Macaé no final daquela manhã, junto com um dos diretores. Lá pelo meio daquela tarde, meu telefone celular começou a tocar e o número era conhecido: o cliente. Não se tratava do cliente local, mas o diretor de Design & Construction, em Houston, no Texas. Como estava com a entrega de alguns projetos bem atrasada e não dispunha de um bom plano de recuperação para lhe explicar, decidi fazer o que não se deve fazer com um cliente: ignorei a chamada.

Ao final daquela tarde, resolvemos jantar uma bela lagosta, à beira-mar, talvez a melhor lagosta que comi na minha vida! E, no meio do jantar, o telefone começa a tocar novamente. Era quem? Isso mesmo! O cliente de Houston. Pensei: "Meus Deus, se atendo, aqui, vai ser um vexame na frente do meu diretor". Ignorei novamente, mas não deixei de comentar a situação com meu diretor, pois, se eu precisasse de apoio, ele já estaria ciente da situação. Teria se informado por mim, e não pelos outros!

Quando cheguei ao meu hotel, havia recebido um e-mail desse meu cliente, que parecia buscar-me desesperadamente. Dizia o título, em espanhol: "Preciso falar com você sobre uma proposta de trabalho".

Já preparado para eventuais perguntas a respeito dos projetos atrasados, imediatamente liguei para ele, em Houston. Para minha surpresa, era o tão esperado convite para iniciar minha carreira internacional. Lembro-me de como fiquei emocionado... Contive as lágrimas e segui, firme e atento à conversa, com um sorriso maior que o mar que estava à janela do meu quarto. Prontamente disse-lhe que sim, mas que deveria oficialmente me posicionar após consultar minha família a respeito desse promissor futuro (afinal, eu tinha uma esposa e dois filhos pequenos).

Por limitações impostas pelo próprio sistema de imigração americano, não foi possível iniciar minha carreira internacional nos Estados Unidos, em Houston. Acabamos indo para a Cidade do Panamá. Ótima escolha!

A Alberto Noe Mendez Aragón ou, simplesmente, Noe, meu amigo até hoje: respeito e gratidão eternos pelo profissional que não apenas me abriu as portas, mas o fez de forma cuidadosa, planejada. Já me observava havia meses e identificou que eu poderia ser muito útil à organização em uma abrangência maior: a América Latina.

Iniciava-se, assim, a melhor das aventuras da minha vida profissional!

PLANEJAMENTO

> "Demissão: uma vez pedida, não tem volta!"

Todos nós já ouvimos a frase: "Cuidado com aquilo que você quer, pois você pode conseguir", não é mesmo? Pois é... o convite veio, foi aceito e, agora, era hora de planejar a execução desse plano de uma vida.

Mudar-se de um país não é fácil. É preciso, literalmente, encerrar sua história naquele país e iniciar uma nova história no outro. Isso exige planejamento, vontade, ação e uma dose dobrada de calma, misturada com tranquilidade...

Imagine você, leitor, encerrar sua história em um país, depois de 36 anos... Encerrar contratos de serviços, contas em bancos, dar um destino para o(s) carro(s), organização e preparação de documentação, definir a situação escolar das crianças com o menor prejuízo para eles, preparar-se para o turbilhão emocional da despedida... O processo de mudança para a Cidade do Panamá levou seis meses e incluiu uma viagem de reconhecimento, na qual foram definidas as duas questões mais importantes: moradia e escola das crianças.

E tudo isso deveria ser feito enquanto ainda estivesse trabalhando... Claro! Pois só poderia informar à empresa em que trabalhava após a aprovação dos exames médicos e a negociação e aceitação formal da proposta de trabalho. É importante salientar que eu sempre tenho o costume de perguntar, expressamente, ao meu novo empregador, em momento oportuno, quando informar minha demissão à empresa atual. Demissão — uma vez pedida — não tem volta!

Durante esses seis meses, o apoio da família é essencial; todos devem trabalhar em prol do objetivo comum. Claro que existe toda a excitação, o glamour e, por que não?, o status de se poder dizer "vou morar no exterior" aos amigos e parentes. Por outro lado, existe a apreensão e o medo do novo que está pela frente, o desconhecido... E se não for aquilo que eu pensei? E se eu não gostar? E se não me adaptar? E se...? E se eu tiver que voltar?

Bom, se eu voltar, vou estar sem emprego, sem casa, sem carros, sem... É recomeçar.

Apesar de ter todo o respaldo de uma empresa multinacional, ainda faltava um elemento importante para reduzir a mínimo o risco de uma mudança de vida tão dramática: o que fazer se não houvesse adaptação no novo país? Como retornar de forma menos traumática? Esse "problema" foi solucionado dez dias antes de nossa partida. Confesso que a euforia era tanta, que não me preocupei muito com isso. Graças a Deus e aos meus pais, eu tinha um diploma que me conferia uma profissão. Poderia passar por dificuldades, mas, de fome, não morreria!

Chegava ao fim minha história profissional na empresa com a qual mais me identifiquei, na qual mais gostei de trabalhar. Em meu último dia de trabalho, fui até a sala do sócio-diretor e CEO para me despedir e agradecer pelos dois maravilhosos anos que havia passado dentro daquele grupo.

Para minha surpresa, ele me pediu para que fizéssemos um acordo: "Rubens, te desejo toda a sorte do mundo e espero que tudo dê certo nessa nova caminhada. Você tem tudo para isso. Mas, se algo der errado, eu quero ser o primeiro a saber!".

Aí estava o elemento que faltava: o risco reduzido ao mínimo! Caso não desse certo, teria meu lugar garantido de volta.

BOI EM TERRA ALHEIA...

> "Se você não se dedica ao trabalho e não entrega o resultado esperado... Adeus!"

Como é de se imaginar, mudar de país não foi uma das coisas mais fáceis que já fiz, muito pelo contrário. Difícil, sim! Impossível, não!

Quando se tem tudo planejado e organizado, todo o processo se torna menos complicado, mas ainda assim existem certas dificuldades. E não há outra maneira de resolvê-las senão encará-las sem medo. Afinal, esse não era o seu sonho? Pois faça de tudo para não deixá-lo escapar!

A primeira delas, e talvez a mais difícil, é o momento da despedida dos familiares que deixamos para trás. Aquele último abraço acaba sendo mais apertado do que todos os outros anteriores; a sensação é a de que nunca mais, nas nossas vidas, nos veremos. É realmente dolorido, mas nos faz crescer!

O interessante é que, mesmo sabendo que vivemos numa época em que a internet encurta caminhos, reduz distâncias; mesmo sabendo que poderíamos fazer chamadas de vídeo, com nossos familiares, diariamente (se quiséssemos ou se preciso fosse), ainda assim aquele último abraço tem um significado especial.

Passado o momento da despedida, é hora de olhar adiante!

Nas duas mudanças realizadas até o momento, eu estava preparado para a segunda dificuldade: o novo idioma. Aliás, ter os idiomas espanhol e inglês fluentes, àquela altura do campeonato, tinham sido peças-chave no meu tabuleiro profissional. Ainda assim, o choque inicial é grande. Existem diferentes sotaques e gírias que não se aprendem na academia. Há pessoas que falam muito rápido, outras nem tanto... O nível de concentração deve ser altíssimo.

Contratos de expatriação em multinacionais costumam contemplar muitas regalias para, justamente, poder dar ao profissional uma tranquilidade inicial no novo país. Uma das que tive, mas não utilizei por completo, foram trinta dias iniciais em hotel de alto padrão. Apesar da tentação, era preciso estabelecer uma nova rotina de vida o mais rápido possível. Essa talvez seja a melhor maneira de vencer a terceira dificuldade: a sua adaptação e a de sua família.

A quarta dificuldade é a adaptação dos filhos na nova escola e com o novo idioma. Não gosto nem de imaginar o quão difícil foi para meus filhos em nossas duas mudanças. A primeira, para a Cidade do Panamá, certamente foi mais difícil que a segunda, para os Estados Unidos. Novos amigos, novos professores, e ninguém se entende! Pior: aquele sentimento da despedida dos familiares que deixamos para trás havia poucos dias... Que tristeza! Mas o ser humano é um ser adaptável. Em poucos meses, já estavam dominando o idioma corrente e brilhavam nos bancos escolares.

Burocraticamente, mudar-se de país não é nada fácil. Antes de sair de onde se vive, é preciso fazer uma tradução juramentada de toda a documentação escolar dos filhos, dos seus diplomas, certificados de vacinação, estar com passaporte em dia e ter o visto de residência válido (dependendo das regras de imigração de cada país). A tradução juramentada é um processo que leva certo tempo; por isso, deve ser iniciada com muita antecedência.

A sua permanência dentro de seu novo país de residência depende de um visto cuja obtenção é normalmente facilitada e acompanhada pela empresa que te contratou. Interessante notar o quão frágil é a situação de um expatriado: o visto é o único documento que garante a sua permanência em seu novo país de residência, porém, tal permanência depende única e exclusivamente de se manter o contrato de trabalho vigente. Se a empresa entender que não precisa mais de você... Tchau! Se você não se dedica ao trabalho e não entrega o resultado esperado... Adeus! Acabou-se o tão sonhado plano de viver fora do Brasil e seguir uma carreira internacional, acabaram-se as regalias inerentes à expatriação — e aí, meu caro, é hora de voltar.

Por favor, não me interprete mal: essa é uma das experiências mais marcantes na vida de um profissional! Acredito que todos deveríamos ter essa oportunidade na vida. É enriquecedor! Mas, por mais adaptados que estejamos, seremos sempre considerados "bois em terra alheia"...

PONTE

> “E, quando não há consenso, alguém tem que tomar uma decisão!”

Se não me falha a memória, quando completei nove anos de idade (na primeira metade da década de 1980, portanto), minha mãe organizou uma das minhas últimas festinhas de aniversário, se não a última, com direito a tudo o que uma festinha de criança tem que ter: bolo, brigadeiros, doces, salgadinhos, refrigerante, cerveja para os adultos (e só para eles...). Foram convidados, à minha casa, diversos amigos da nossa família e alguns de meus coleguinhas da escola. Alguns com quem, até hoje, mantenho remoto contato.

Recebi muitos presentes, mas nenhum deles me chamou mais a atenção do que aquele quadro que me presenteou o Fabiano. Era de pendurar na parede, com uma mensagem simples, mas de uma profundidade imensa. Não se espera que uma criança de nove anos de idade possa compreender o real significado daquele poema, quase uma oração, cujo título era “Quero ser ponte”. Por muitos anos, aquele quadro ficou pendurado em nossa sala de televisão e, por muitas vezes, pegava-me lendo e relendo as palavras ali impressas.

Creio que já escrevi isso em algum dos capítulos anteriores, mas perdoe-me por ser repetitivo ao escrever que, ao longo de nossa trajetória corporativa, por vezes, servimos de ponte, unindo pessoas, ideias, propósitos — ou encontramos pessoas que são pontes que nos unem a outras pessoas, ideias, propósitos. E este capítulo, caro leitor, é dedicado a uma dessas pessoas.

Você já sabe que em 2003 fui contratado por uma empresa multinacional na área de gestão de processos industriais contínuos, para trabalhar em um call center especializado. Além desse emprego, eu ainda ministrava aulas na instituição de ensino superior da nossa família. Era uma verdadeira correria: das oito da manhã até às cinco da tarde, trabalhava na multinacional; depois, viajava quarenta minutos até a cidade de Boituva, para ministrar aulas de Administração Geral e Organização, Sistemas & Métodos, para os cursos de Administração de Empresas e Ciências Contábeis. Rotina puxada, mas muito prazerosa.

Certo dia, assisti a uma palestra interna, realizada por um diretor executivo e percebi que seria uma excelente opção de palestra para os alunos da nossa instituição de ensino. Anualmente, realizávamos a Semana de Administração, que reunia profissionais do mercado, alunos e palestrantes. E era sempre uma dificuldade encontrar palestrantes de qualidade! Acabara de encontrar um... mas o momento ainda não era o ideal.

Passados quatro anos, já em 2007, na saída da celebração do casamento de meu primo Marcel, que fora realizada na Catedral Metropolitana Nossa Senhora da Ponte, em Sorocaba, minha família e eu, além de vários convidados, esperávamos os manobristas chegarem com nossos carros, vindos do estacionamento. Os convidados aglomeravam-se e, enquanto seus veículos não chegavam, simplesmente conversavam uns com os outros. Um deles, de forma muito simpática, acerca-se de mim e de minha mãe e faz o seguinte comentário, em claro tom de brincadeira: "Deixei minha Mercedes, ano 66, em casa", referindo-se à sua mãe, D. Mercedes, à época com 66 anos. Todos à volta que ouviram o gracejo riram muito. Aí, talvez, tenha sido dada a ignição para uma bela amizade que já dura quase vinte anos. Mas, calma lá, porque esta história começa a ficar interessante a partir de agora...

Aquele foi o reencontro com o Cláudio Makarovsky — ou, simplesmente, Maka —, um dos principais diretores executivos daquela empresa multinacional na cidade de Sorocaba. Entendi que havia chegado o momento ideal para aproximá-lo de nossa instituição de ensino e o convidei para ministrar uma palestra na nossa Semana de Administração. Seria sucesso certo! E foi.

Dias depois dessa primeira palestra, as graduandas do curso de pedagogia não conseguiam chegar a um consenso para o nome do paraninfo da turma. E, quando não há consenso, alguém tem que tomar uma decisão! Meu irmão, diretor acadêmico, chamou-me e pediu: "Convida o Maka". E assim o fiz.

No dia seguinte, ainda pela manhã, entrei em contato com a secretária do Maka e lhe pedi a gentileza de encontrar uma brecha na complicada agenda dele. Naquele que pode ter sido o nosso primeiro contato direto de mais de dez minutos, identifiquei-me como ex-funcionário da empresa e disse que, agora à frente da instituição de ensino de nossa família, gostaria de lhe fazer um convite, que foi aceito com muito carinho e alegria pelo sempre simpático executivo.

E foi, então, que um fato nos aproximou de uma vez: ao aceitar o convite para ser paraninfo da turma de pedagogia em Boituva, Maka comentou que fizera seu curso primário em uma escola estadual em Presidente Altino, bairro da cidade de Osasco, na região metropolitana da capital paulista, e que se recordava de uma professora muito querida que residia, à época, na cidade de Boituva. Seria uma simples coincidência? Ao perguntar-lhe o nome da professora, percebi que se tratava de um sobrenome de família bastante tradicional na ainda pequena cidade de Boituva. Pequena em dimensão, mas não em importância — que fique bem claro!

Os dias que se seguiram até a cerimônia de colação de grau foram cercados de muita expectativa, pois iniciamos uma incansável busca pela professora do Maka. Felizmente a localizamos, a convidamos para a cerimônia e preparamos toda a surpresa. Foi um dos momentos mais marcantes do período em que estivemos à frente daquela instituição de ensino.

Depois desse episódio, estreitamos laços de amizade entre nós e nossas famílias, sem descuidarmos de nossas experiências corporativas.

Abri as portas de nossa instituição de ensino para que Maka ministrasse o primeiro curso de oratória (e o segundo, também!). Foram alguns finais de semana em que aprendemos técnicas de oratória, noções básicas de linguagem corporal e suas aplicações no mundo corporativo. Técnicas que, uma vez aprendidas, jamais são esquecidas: utilizar os braços como extensão da voz, fazer contato visual com a plateia, preparar bem o material para uma palestra... Esses são apenas alguns exemplos de boas práticas que aprendi nesse curso e que continuo utilizando, mesmo quase vinte anos depois.

Mas os anos passaram e, inevitavelmente, nossos caminhos acabaram nos distanciando. Maka e eu trilhamos caminhos bem diferentes profissionalmente: enquanto eu já estou nesta jornada internacional há mais de uma década, ele seguiu seu caminho como um bem-sucedido executivo. De vez em quando, trocamos mensagens por e-mail. Até que um dia, em outubro de 2022, ele me conta que faria uma viagem corporativa à sede global da empresa em que trabalha, na cidade de Redmond, região metropolitana de Seattle, nos Estados Unidos. E Redmond, caro leitor, fica a apenas vinte minutos da minha casa...

Foi uma noite de pizza e vinho muito agradável, em que pudemos reviver memórias de um tempo de muito aprendizado mútuo (acredito que mais meu, do que dele) e de confirmar a nossa muito bem-executada missão de sermos pontes um para o outro.

Não queria finalizar sem transcrever o poema, oração, que deu início a mais este capítulo. Ei-lo:

Quero ser Ponte

Senhor,
nasci para unir
vivo para unir,
sirvo para unir.
Eis a minha missão e o meu segredo.
Senhor, que maravilhosa
a missão da Ponte...
Quero também ser ponte...
Ser ponte para:
unir os homens entre si
unir os desavindos,
unir os desencontrados,
unir os corações.
Senhor,
na estrada da vida
quero ser ponte.
Que nunca seja muralha que separe,
Mas seja sempre uma passagem
para que os homens possam chegar a Ti!

(Autor Desconhecido)

2024

> “Existe um limite para tudo nesta vida e, principalmente, na vida corporativa.”

Recentemente, muito se tem falado a respeito de saúde mental no trabalho. Todos os dias vemos, nos veículos de mídia e nas redes sociais, mais e mais informações e estatísticas a respeito do aumento de casos de síndrome de burnout (termo em inglês para “esgotamento mental”) e outros males relacionados ao excesso de trabalho (e outros) que acabam influenciando, negativamente, a nossa saúde mental.

Basta uma busca simples pela internet para encontrarmos uma quantidade gigantesca de informações a respeito do tema e de formas para lidar com o assunto, de onde buscar ajuda (caso sejamos acometidos por esses males) e do que fazer para minimizar os efeitos deste “novo” mal, que tem acometido milhões de pessoas ao redor do mundo.

Perdoe-me, caro leitor, pela minha superficialidade neste tema. O intuito, aqui, não é o de esgotar (com perdão do trocadilho) o assunto e tampouco fazer uma defesa acadêmica e médica a respeito desse flagelo que vem desafiando a todos, nesta década do século XXI.

As vertentes de estudo mais aceitas dão conta de que esse aumento de casos de esgotamento mental, depressão, síndrome do pânico e outros males relacionados à saúde mental teve sua origem no período de pandemia de covid-19. Durante os anos de 2020, 2021 e 2022, o mundo foi acometido por essa doença pulmonar nefasta que dizimou milhões de pessoas. Famílias perderam seus entes queridos, empresas perderam seus funcionários. Ficamos, todos, em todo o mundo, recolhidos, por meses e meses, dentro de nossas casas; tivemos que mudar nossas rotinas e tomar ainda mais cuidados sanitários para que essa doença não ceifasse nossa vida ou a de nossos amigos.

No mundo corporativo, o resultado direto desse período de pandemia foi a oficialização do trabalho remoto, ou home office, ou, ainda, o teletrabalho. As empresas passaram a estabelecer novas políticas laborais, para não exporem seus funcionários e colaboradores ao risco de contrair a doença.

Passados os anos de pandemia, de 2023 em diante, livres de um risco maior, as empresas acabaram por incorporar o "benefício" da jornada híbrida de trabalho em suas rotinas, ou seja, passamos a uma jornada de trabalho semanal mais flexível, com dois dias de trabalho remoto e três dias no escritório.

Em paralelo, o mundo corporativo passou a ser mais exigente, a performance passou a ser mais cobrada, os resultados passaram a ser mais observados e isso pode ter desencadeado todo um processo de adoecimento mental de profissionais.

E comigo não foi diferente…

Meu episódio de burnout começou ainda em 2023. Em outubro daquele ano, foi-me informado que haveria a substituição da empresa terceirizada que prestava os serviços de manutenção e limpeza nos escritórios e nas fábricas na região sob minha responsabilidade. Havia passado pelo mesmo processo cinco anos antes e sabia que não seria algo simples.

A nova empresa assumiria em 1º de abril de 2024, ou seja, haveria seis meses de transição entre uma empresa e outra. A empresa que estava de saída tinha a obrigação contratual de repassar, de forma responsável, todas as informações e processos à empresa que estava chegando.

Iniciada a transição, percebi que nenhuma das duas empresas levava a transição realmente a sério. Tudo acontecia de forma superficial. Para piorar, a empresa que assumiria o trabalho tardava em refinar os custos, preparar os contratos de prestação de serviços locais (apesar de já terem assinado um contrato de abrangência global — ou, talvez, por isso…) e tampouco se preocupava com a montagem da equipe. Ou seja, enquanto uma empresa simplesmente tratava de sair tranquilamente, a outra, que deveria engajar-se por completo, simplesmente não o fazia.

Chega dezembro e, finalmente, um pouco de férias. Como já faço desde 2012, passo minhas férias no Brasil, com minha família. Foi um mês de dezembro como poucos: muita diversão, tranquilidade, descanso. Naquele ano, em especial, houve reencontros com colegas de infância; ida à cidade de Santos (onde tive minhas primeiras aulas de surfe — e únicas, até o momento); as já tradicionais aulas de tênis com o Ricardo (que é meu amigo de uma vida); e, para finalizar, uma animada corrida de kart com meus filhos, meu irmão e minha sobrinha. Ou seja, eu me diverti muito!

Ao retornar à gelada, chuvosa e cinzenta Seattle, no inverno, voltei à realidade no ponto que a tinha deixado: a pobre transição entre empresas que pareciam despreocupadas de qualquer compromisso e a falta de uma base forte para um início de contrato sem falhas gritantes.

Não tive o suporte que esperava dos meus diretores e não houve outro remédio exceto realmente me desdobrar para que todo o processo de transição finalizasse de forma minimamente correta e o novo contrato iniciasse de forma consistente.

Durante esses primeiros meses do ano, comecei a sentir algumas palpitações. Muitas vezes, durante o dia, sentia meu coração disparar sem qualquer motivo. Tinha que tossir para fazê-lo voltar ao normal. Nunca havia sentido isso antes... Resolvi buscar ajuda, pois não queria ser vítima do famoso *widow maker* (ou "fazedor de viúva", em tradução livre para o português), aquele enfarto fulminante que acomete os homens com idade entre 45 e 55 anos. Fiz todos os exames durante os meses de março e abril.

Ainda no final de março, chega a triste notícia do falecimento do John, nosso colega de trabalho, com quem eu interagia todos os dias. Tínhamos a mesma função, mas em regiões diferentes; ele era responsável pela Costa Leste norte-americana. Aquela notícia fez agravar as minhas palpitações e, uma noite, fui parar na emergência do hospital. Ali permaneci madrugada adentro até que se confirmasse que não havia nada de mais grave comigo. Tratava-se "apenas" de (mais) um episódio de burnout.

Os resultados dos meus exames eram absolutamente normais, ou melhor, mostravam que minha condição cardíaca e vascular era acima da média para a minha idade. Também, pudera: praticava exercícios regularmente; nadava, corria e ia à academia semanalmente. Mas o que acontecia comigo?

A transição entre empresas foi finalizada "aos trancos e barrancos", mas consegui, finalmente, o engajamento da nova empresa, que assumiu o contrato sem maiores problemas.

Durante o mês de abril, além do período de estabilização dos serviços de contratos, tive que gerenciar o descomissionamento e a entrega de um escritório, pelo fim do contrato de aluguel. Outra correria para finalizar tudo em tempo, para não pagarmos multas.

No final de maio, a empresa assinou contrato de aluguel de um dos quatro prédios do campus para a empresa vizinha. O aluguel iniciava em 1º de agosto. Ou seja, tínhamos três meses para mapear todos os funcionários que trabalhavam naquele prédio, reformar o 3º andar de um dos outros prédios do campus, esvaziar o prédio alugado e entregar a chaves ao novo inquilino. E assim o fizemos! Entregamos tudo com três dias de antecedência: um feito!

E as palpitações continuavam… Pior: passei a me sentir com menos vontade de ir trabalhar, de sair de casa para me exercitar, de sair de casa… Era uma luta comigo mesmo para me levantar, era uma luta para não chorar sem qualquer motivo…

Em setembro, percebi que não poderia continuar assim. Tirei férias com minha esposa e passamos dez dias na região da Andaluzia, na Espanha. Pela primeira vez na minha vida, desconectei-me por completo. Não atendi ao telefone, não vi e-mails, não fiz nada e tentei não pensar em nada relacionado ao trabalho. Ao voltar, sentia-me melhor, mas não totalmente recuperado.

Outro escritório tinha que ser descomissionado, na Califórnia, em menos de trinta dias. E assim nós o fizemos…

Cumpridos todos os objetivos, já era hora de, novamente, voltar ao Brasil para as férias do fim do ano. Levei comigo todos os resultados dos meus exames, que havia feito nos meses de março e abril. Marquei consulta com um cardiologista brasileiro que, ao contrário do que havia feito o médico americano, explicou-me em detalhes, ponto a ponto, os meus exames. A minha condição era absolutamente saudável e eu, muito provavelmente, havia sido acometido por uma crise prolongada de burnout. As palpitações que eu sentia eram comuns, algo que (quase) todos nós temos, normalmente, no dia a dia, mas, provavelmente, meu organismo estava mais alerta por conta da liberação do cortisol, que é o hormônio do estresse.

Hoje sinto-me totalmente recuperado e espero nunca mais passar por essa experiência. Não desejo para ninguém essa sensação de insegurança, impotência em realizar tarefas simples sem ter que fazer um esforço hercúleo ou, ainda, começar a chorar sem qualquer motivo.

Entendi que o mais importante é buscar um equilíbrio. As empresas vão sempre exigir mais de nós — e é engano pensar que podemos mais. Existe um limite para tudo nesta vida — e, principalmente, na vida corporativa.

E o limite é a sua saúde física e mental.

ESTRUTURA

A FUNDAÇÃO

Assim como uma casa, ou um edifício, nossa carreira profissional precisa ter sua base firmada em uma sólida fundação. A preparação necessária para que se obtenha uma qualificação profissional condizente com cargos de alta performance, no mundo corporativo, depende não somente de esforço, trabalho, suor etc., mas também de um ambiente que favoreça e incentive a busca contínua e a solidificação do conhecimento e do aprendizado qualificado.

Posso dizer, sem medo de errar, que sou um privilegiado nesta vida, pois tive minhas bases de formação muito bem construídas sobre uma fundação sólida, em que o incentivo ao estudo era sempre a prioridade. Essa fundação a que me refiro foi o ambiente familiar no qual nasci e vivi. Foram muitos os cursos para que eu alcançasse o nível acadêmico exigido em empresas multinacionais.

Em várias passagens, fiz referência ao grande incentivador e mecenas de todos os meus estudos: o meu pai, que sempre buscou (e conseguiu) manter um ambiente familiar propício à leitura, à vontade de sempre estar atualizado, à busca de conhecimento. Este capítulo não é sobre ele, mas sobre quem sempre esteve ao seu lado e quem o ajudou a construir minha fundação: minha (querida) mãe!

Minha mãe era de família pequena e humilde. Perdeu seu pai quando ainda era adolescente e, por isso, teve que abandonar a escola e trabalhar para ajudar a sustentar sua família. Por indicação de uma prima, tornou-se telefonista da Companhia Telefônica do Estado de São Paulo (TELESP), na cidade de Sorocaba. Era responsável, junto com tantas outras, por completar as ligações que chegavam à central. Algo impensável e difícil de descrever nos dias de hoje, quando raramente (ou sequer) utilizamos o telefone celular para fazer uma ligação telefônica.

Entre o final da década de 1960 e início dos anos 1970, uma vez ao mês, fazia cobertura de folga de colegas na pacata cidade de Boituva, no interior do estado de São Paulo. Em uma dessas jornadas, conheceu meu pai. Foi amor à primeira vista e, bem, deu no que deu: trinta anos de um casamento feliz, que só se desfez em virtude do falecimento do meu pai, em 2002. Acho que, na realidade, nunca se desfez...

Durante esse tempo, construíram um lar baseado fundamentalmente no amor, no carinho, na amizade, no aprendizado mútuo e em preceitos religiosos que sempre nortearam nossas vidas.

Minha mãe foi minha primeira professora: enquanto ela auxiliava meu irmão mais velho em seus deveres de casa, eu, ainda sem idade para frequentar a escola, acompanhava tudo atentamente e sem perder nenhum detalhe. Obviamente, eu mais atrapalhava do que ajudava e minha mãe não teve alternativa a não ser comprar um caderninho para que eu pudesse acompanhar, "de forma séria" (e sem bagunça) os estudos do meu irmão. Resultado? Ingressei na primeira série escolar já quase alfabetizado.

Meu pai trabalhava em três jornadas diárias: durante o dia e pela tarde, exercia o cargo de supervisor de ensino, em Sorocaba, e, à noite, mantinha sua escola de ensino técnico na cidade de Boituva. Sempre almoçávamos e jantávamos juntos à mesa! Sempre. Dada a rotina corrida dele, coube à minha mãe a responsabilidade de acompanhar nossas lições de casa, nossas brincadeiras e de apartar nossas brigas (que não eram poucas). Responsabilidade que ela exerceu com maestria e sempre com muito carinho e chineladas. Todas merecidas!

Ela nos levava e nos buscava na porta da escola, religiosamente, todos os dias! Com chuva ou com sol, sabíamos que ela estaria lá nos esperando. Quando crescemos e já não íamos à escola no mesmo período, ela se desdobrava para conciliar os diferentes horários escolares, sem falhar!

Nas semanas em que tínhamos provas, ajudava-nos, "tomando" as lições (que eram, muitas vezes, decoradas) à perfeição. Uma vírgula fora de lugar ou uma gaguejada, e tínhamos que voltar a estudar a lição. Somente éramos liberados para ver *Pica-Pau* ou *Tom & Jerry* quando tudo estivesse perfeito. Ainda bem! Isso era o que nos garantia boas notas.

Em abril de 1996, já cursando o 3º ano do curso de engenharia elétrica na FAAP, em São Paulo, iniciava minha busca por um estágio. Certo dia, no intervalo entre aulas, encontrei, no quadro de avisos da faculdade, um anúncio de estágio para a TELESP.

Isso mesmo, a mesma empresa em que minha mãe trabalhara! Decidi me candidatar.

Fui chamado para algumas rodadas de entrevistas e outras rodadas de dinâmicas de grupo. Apesar de nunca ter gostado de participar de dinâmicas de grupo, participei daquela de forma bastante entusiástica. Como em tudo nesta vida, eu entrei para vencer!

Algumas semanas mais tarde, ao comentar com minha mãe sobre esse processo seletivo na TELESP, ela me pediu que ligasse à empresa para saber se eu havia sido aprovado ou não. Eu disse-lhe que era melhor esperar e que, provavelmente, não havia sido escolhido. Sem se dar por contente, ela passou a mão no telefone e ligou para a TELESP. Recebeu a notícia de que eu havia sido selecionado e que deveria comparecer ao RH para admissão. Veja só, caro leitor, meu primeiro estágio (ou trabalho) na vida foi na mesma empresa em que minha mãe trabalhara havia mais de vinte anos! Que coincidência... Mas existem coincidências?

Minha mãe também ajudou na criação dos netinhos. Meus filhos e meus sobrinhos foram criados sob a mesma batuta!

Apesar de estarmos distantes, fisicamente, desde 2012, conversamos semanalmente aos domingos. Todos os domingos. Religiosamente!

É graças à tecnologia de hoje que posso acompanhá-la, à distância, mas como se estivesse ao seu lado. Ouvindo suas histórias de como foi sua semana, as peripécias para pagar uma conta no banco com toda a impiedosa tecnologia disponível e, principalmente, buscando sempre ouvir aquele conselho que fará a minha semana mais leve, mais calma e mais vitoriosa!

Obrigado, MÃE!

PILAR

Utilizando-me da mesma analogia do capítulo anterior, este capítulo é sobre alguém que está ao meu lado já há 28 anos, ajudando-me a construir e a conduzir nosso lar.

Nós nos conhecemos em 14 de dezembro de 1996, como se por acaso, em um sábado à noite, no trânsito, em Sorocaba. Estávamos, ambos, indo a festas diferentes e cruzamos nossos olhares, pela primeira vez, em um posto de gasolina. Por ali ficamos, por uma hora e meia, conversando, conversando, conversando e... parece que o assunto não acabava. Sorte minha!

Ainda lembro-me da sua empolgação, em frente à sua casa, quando lhe contei que havia mudado de estágio já no final de mês de janeiro de 1997. Havia saído da TELESP e iniciava um período de novo aprendizado na Gradiente Eletrônica. Isso! Aquela mesma que fabricava aparelhos de som e TV. Empresa brasileira que era sinônimo de qualidade nas décadas de 1980 e 1990.

Ela me acompanhou, pelo menos, em duas oportunidades, à cidade de São Paulo, para que eu entregasse meu currículo nas recepções das empresas multinacionais daqueles prédios imponentes ao longo da Avenida das Nações Unidas, mais conhecida como Marginal Pinheiros. Em uma época em que a internet ainda engatinhava, a entrega em mãos do meu curriculum vitae era o que me restava. Ela esteve presente, portanto, no início da minha carreira profissional, ajudando-me a dar meus primeiros passos.

Ela me acompanhou na formatura como minha namorada. E eu a acompanhei, na sua formatura na Faculdade de Fisioterapia no Centro Universitário Nossa Senhora do Patrocínio, em Itu, já como seu esposo.

Com dois anos de casados — e já com nosso primeiro filho —, passamos pelo meu momento profissional mais difícil: fiquei desempregado e tive que acionar o meu Plano B.

Sempre discreta, até hoje ela adora contar as histórias de quando se misturava à multidão de alunos e convidados nas formaturas da instituição de ensino superior de nossa família. Não são poucas as boas histórias de pessoas anônimas, flagradas por ela, que falavam coisas positivas a meu respeito, na condução da escola. Ela jura que nunca ouviu algo negativo. Sei não...

Nesse período como diretor administrativo na instituição de ensino superior, a família cresceu — e passamos a ser quatro!

Em paralelo, minha esposa abriu seu pequeno consultório de fisioterapia em Sorocaba, em frente ao prédio em que morávamos (e que, depois, passou a ser na casa de sua mãe). Aos poucos, foi conquistando sua clientela, com sua simpatia, seu carisma e sua competência. Pacientes que chegavam com dores, em menos de oito sessões já estavam praticamente reabilitados.

Quando, finalmente, retornei às grandes corporações, precisei ainda mais do seu apoio. E ela não deixou por menos: praticamente criou os nossos dois garotos sozinha. Nunca escondi que minha prioridade era manter-me na linha direta rumo aos meus objetivos profissionais. Seria dali que obteríamos o nosso sustento. Era dali que viria nossa estabilidade.

Foram cinco anos em que eu "visitava" a minha família aos fins de semana. Passava a semana na cidade de São Paulo e fazia viagens a Macaé (RJ) e a Camaçari (BA). Retornava a Sorocaba às sextas-feiras e passava apenas dois dias lá. Foram anos muito difíceis e de muito sacrifício, mas que renderam muitos frutos.

Foi justamente ao final desse período que chegou o momento de provação maior: o convite para iniciar minha carreira internacional. Esse foi, sem dúvida, um momento crucial em nosso casamento. Ela teria que abdicar da paixão pela sua carreira, que, aos poucos, começava a decolar. Mas não houve dúvida: ela embarcou nesse sonho e, com o mesmo entusiasmo de sempre, iniciamos essa nova etapa. Pelo que me recordo, essa foi a primeira chance que tive de, finalmente, viver com minha família, todos os dias da semana, sob o mesmo teto.

E lá se vão 28 anos de vida conjunta, três de namoro e mais 25 de casados (treze, deles, vivendo fora do Brasil), compartilhando planos, alegrias, tristezas, apoiando-nos um no outro e na certeza de estarmos construindo a fundação que servirá de base para a carreira profissional dos nossos filhos.

Mas este capítulo não era sobre pilar? Então: somente uma esposa como ela poderia ser o pilar de nossa família. E, ao contrário do que você, caro leitor, possa estar pensando… seu nome é Patrícia!

O LEGADO

Ao longo destas páginas, busquei relatar todo o processo que levou à construção da minha carreira profissional. Foram pelos menos 25 anos de trabalho e mais outros tantos de estudo e preparação para chegar ao ponto a que cheguei. Em inúmeras passagens, descrevi sacrifícios, escolhas, renúncias e muitos esforços que forjaram a minha vida profissional e, por que não?, o meu caráter.

Trata-se de um processo muito complexo de crescimento e amadurecimento, ao longo dos anos, que exige atenção e empenho para não perder oportunidades e poder aproveitá-las.

Obviamente, quando somos jovens e inexperientes, buscamos o crescimento rápido, queremos rapidamente atingir nossos objetivos para passarmos à próxima fase, quase de forma afoita. Ao longo dos anos, vamos adquirindo experiência e percebemos que tudo tem o seu tempo e o seu momento certo de acontecer. É preciso sempre estar atento ao ambiente, aprendendo com os próprios erros e com os erros dos outros.

Então, vamos percebendo que a construção de nossa carreira profissional deixa de ser uma simples corrida de obstáculos e passa a ser uma maratona, em que o importante é manter-se no ritmo certo, e constante, em busca do objetivo final, traçado no início da jornada.

É necessário qualificar-se para encarar essa maratona. Não me refiro apenas à preparação acadêmica e profissional, mas também à preparação física e mental, para não sucumbir à crueldade e impiedade do mundo corporativo.

São anos a fio tentando buscar o equilíbrio perfeito entre esses dois mundos, a vida profissional e a pessoal. É um verdadeiro desafio, uma arte!

É preciso cercar-se de pessoas que agreguem valor à sua caminhada e é preciso agregar valor à caminhada delas, também! Trata-se de uma troca! Trata-se de ser ponte!

Deve-se fugir das armadilhas que o mundo corporativo lhe apresenta: não raros serão os momentos de desânimo se aquela promoção não veio, ou se aquele colega menos competente foi promovido ao cargo a que você tanto almejava. É preciso fugir da tentação de difamar o colega ou a empresa. Se a empresa não te valoriza, então ela não te merece. É hora de buscar outra que te dê condições de seguir em frente.

É imprescindível ser capaz de versar a respeito de sua área de especialidade sem arrogância, sem prepotência, mas sempre de forma firme. E, de preferência, com um sorriso no rosto. Não se pode ter medo de mostrar seu conhecimento técnico sempre que necessário.

E, assim, depois de mais outros tantos anos, você perceberá que tudo não foi em vão e tudo o que você viveu até ali não se tratou de alcançar seus objetivos, mas de deixar um legado!

André, Guilherme: este é para vocês! Usem-no com sabedoria.

FONTE Baskerville, Anton, Aesthet Nova
PAPEL Pólen Natural 80 g/m²
IMPRESSÃO Paym

FSC
www.fsc.org
MISTO
Papel produzido a partir de fontes responsáveis
FSC® C133282